gestão
de marcas

O selo DIALÓGICA da Editora InterSaberes faz referência às publicações que privilegiam uma linguagem na qual o autor dialoga com o leitor por meio de recursos textuais e visuais, o que torna o conteúdo muito mais dinâmico. São livros que criam um ambiente de interação com o leitor – seu universo cultural, social e de elaboração de conhecimentos –, possibilitando um real processo de interlocução para que a comunicação se efetive.

EDITORA
intersaberes

gestão
de marcas

Cristina Maria de Aguiar Pastore

EDITORA intersaberes

Rua Clara Vendramin, 58 . Mossunguê
CEP 81200-170 . Curitiba . PR . Brasil
Fone: (41) 2106-4170
www.intersaberes.com
editora@editoraintersaberes.com.br

Conselho editorial Dr. Ivo José Both (presidente); Drª Elena Godoy; Dr. Nelson Luís Dias; Dr. Neri dos Santos; Dr. Ulf Gregor Baranow
Editora-chefe Lindsay Azambuja
Supervisora editorial Ariadne Nunes Wenger
Analista editorial Ariel Martins
Preparação de originais LEE Consultoria
Edição de texto Viviane Fernanda Voltolini
Capa Luana Machado Amaro (*design*)
   4 Girls 1 Boy e marysuperstudio/Shutterstock (imagens)
Projeto gráfico Bruno Palma e Silva
Diagramação Andreia Rasmussen
Equipe de design Charles L. da Silva; Sílvio Gabriel Spannenberg; Laís Galvão
Iconografia Celia Kikue Suzuki

Dados Internacionais de Catalogação na Publicação (CIP)
(Câmara Brasileira do Livro, SP, Brasil)

Pastore, Cristina Maria de Aguiar
   Gestão de marcas/Cristina Maria de Aguiar Pastore. Curitiba: InterSaberes, 2018. (Série Marketing Ponto a Ponto)

   Bibliografia.
   ISBN 978-85-5972-764-7

   1. Marcas de produtos – Administração 2. Marcas de produtos – Marketing 3. Marketing – Administração I. Título. II. Série.

18-16414   CDD-658.827

   Índices para catálogo sistemático:
1. Marcas comerciais: Marketing: Administração de empresas   658.827
Iolanda Rodrigues Biode – Bibliotecária – CRB-8/10014

1ª edição, 2018.
Foi feito o depósito legal.
Informamos que é de inteira responsabilidade da autora a emissão de conceitos.

Nenhuma parte desta publicação poderá ser reproduzida por qualquer meio ou forma sem a prévia autorização da Editora InterSaberes.

A violação dos direitos autorais é crime estabelecido na Lei n. 9.610/1998 e punido pelo art. 184 do Código Penal.

sumário

apresentação, 7
como aproveitar ao máximo este livro, 11

capítulo 1
introdução à
gestão estratégica de marcas
15

O que é marca, 16
Evolução histórica das marcas, 18
Grandes marcas no mercado, 21
Registro de marcas e patentes, 26

capítulo 2
arquitetura de marcas
37

Tipos de marcas, 39
Segmentação de marcas, 49
Arquitetura de marcas, 52
Extensão de marcas, 63
Ciclo de vida da marca, 69

capítulo 3
valor de marca
79

Brand equity, 80
Consumer based brand equity, 86

capítulo 4
consumidor de marcas
113

Consumidor pessoa física, 115
Consumidor pessoa jurídica, 131

capítulo 5
comunicação de marcas
139

Semiótica, 140

Identidade visual, 145

Embalagem e rotulagem, 149

Promoções integradas de marcas, 154

Digital branding, 156

capítulo 6
marca pessoal
165

Estrutura de marcas pessoais, 168

Como construir marcas pessoais fortes, 173

estudo de caso, 185

para concluir..., 193

referências, 195

respostas, 199

sobre a autora, 203

apresentação

Este livro foi escrito para estudantes, profissionais de marketing e gestores em geral que estão iniciando sua busca por conhecimento em gestão estratégica de marcas. De abordagem simples e linguagem coloquial, a obra se propõe a ser o passo inicial em sua jornada, leitor, pois apresenta uma síntese dos principais tópicos que devem ser considerados na gestão de marcas, desde a arquitetura e as hierarquias de marcas à formação de memória e emoções dos consumidores que se relacionam com elas.

Além de concebermos a exposição do conteúdo como uma evolução – de aspectos mais introdutórios para aspectos mais específicos –, apresentarmos os conceitos como se estivéssemos conversando sobre eles. Para aproveitar melhor este livro, imagine que estamos debatendo pessoalmente sobre os tópicos em uma conversa sobre gestão de marcas.

Diversos estudos de caso e situações reais são apresentados de modo que permeiem a teoria, para que a relação fique mais tangível. Eles trazem exemplos de marcas com as quais convivemos e que podem nos ensinar bastante quando olhamos para as estratégias e os resultados. Recomendamos fortemente que você aprofunde suas buscas caso algum dos casos apontados desperte interesse especial.

Os conteúdos estão estruturados sequencialmente de maneira a direcionar o avanço do leitor pelos principais temas que permeiam a gestão estratégica de marcas. No capítulo inicial, descrevemos historicamente a evolução do conceito de marca, apresentamos casos de grandes marcas do cenário brasileiro e abordamos um tema muito importante e pouco explorado nas literaturas de gestão estratégica: o registro de marcas.

No segundo capítulo, tratamos de dois conceitos vitais para o sucesso de uma marca: posicionamento e segmentação. Também descorremos sobre a organização arquitetônica das marcas internamente às empresas e de como explorar possibilidades de extensão ou criação de novas marcas em um mesmo *mix*.

Na sequência, no terceiro capítulo, enfocamos o valor da marca: como ativo financeiro para a organização e como elemento que representa características intangíveis para o consumidor. Nele, explicamos como medir e incrementar ambas as perspectivas.

O quarto capítulo é dedicado ao estudo do consumidor de marcas. Discorremos sobre a forma como o consumidor pessoa física, no contexto

Business to Consumers (**B2C**), relaciona-se emocionalmente com as marcas e como são formadas suas associações de memória, importantíssimas para a construção de marcas fortes. Também aborda a relação entre marcas e o consumidor pessoa jurídica, no contexto *Business to Business* (B2B), com suas particularidades.

Quase ao final do livro, no quinto capítulo, trabalhamos o tópico de comunicação de marcas. Nele, comentamos fundamentos de semiótica – o estudo dos símbolos e seus significados –, apresentação visual de marcas e outras perspectivas de comunicação, como *digital branding*. Talvez seja o capítulo mais esperado por muitos.

Por fim, no sexto capítulo nosso foco é o tema marca pessoal. Nele, explicitamos por que nomes também podem ser considerados marcas e comentamos relações para estratégias eficientes de gestão. Retomamos alguns conceitos e exemplificamos diversas particularidades da gestão de marcas que se confundem com o sujeito que as detém e a quem devem representar.

Encerramos cada capítulo com uma síntese em forma de tópicos que retomam os aspectos mais importantes, além de alguns exercícios cujas respostas encontram-se ao fim da obra. O quadro de síntese existe como um resumo, um guia de palavras-chave que podem ser utilizadas para relembrar o que foi estudado. Caso você queira construir um mapa mental para estudos, por exemplo, ele é um ótimo aliado.

Sugerimos que você busque resolver os exercícios antes de conferir os comentários sobre as questões, como forma de teste e preparo sobre os conteúdos aprendidos. Leia o enunciado, volte ao conteúdo e

> *Business to Consumers* (B2C) é o nome que se aplica aos negócios que são orientados ao consumidor final (*consumers*). É o caso do varejo, por exemplo. Negócios orientados a clientes empresariais, como indústrias que vendem para varejistas, são chamados de *Business to Business* (B2B).

construa sua resposta, só então compare com os comentários apresentados ao fim da obra. Isso tornará o aprendizado muito mais proveitoso. A despeito da gravidade do tema, que é vital para o sucesso competitivo de um negócio, este livro promete ser agradável e leve. A linguagem utilizada, como mencionamos anteriormente, é como a de uma conversa com o leitor, recheada de exemplos atuais e casos ilustrativos que facilitam a compreensão dos temas mais complexos, como arquitetura de marcas – o calcanhar de Aquiles de muitos gestores – ou valor de marca.

Tenha uma ótima leitura!

como aproveitar ao máximo este livro

Este livro traz alguns recursos que visam enriquecer o seu aprendizado, facilitar a compreensão dos conteúdos e tornar a leitura mais dinâmica. São ferramentas projetadas de acordo com a natureza dos temas que vamos examinar. Veja a seguir como esses recursos se encontram distribuídos no projeto gráfico da obra.

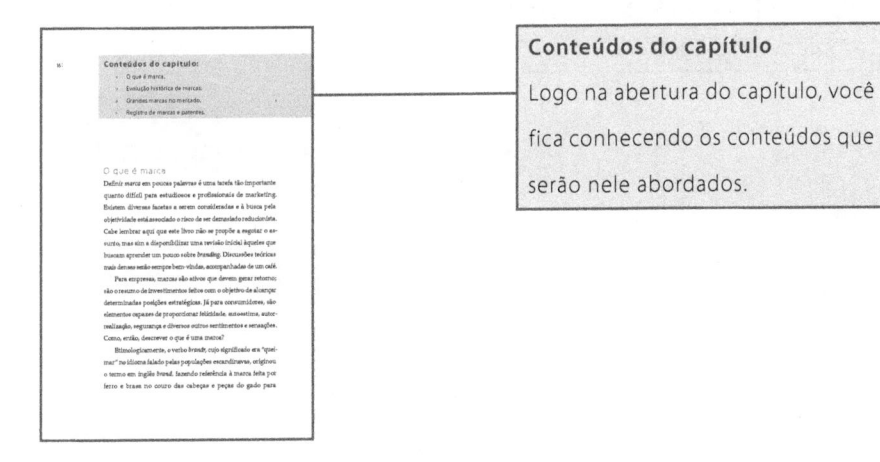

Conteúdos do capítulo
Logo na abertura do capítulo, você fica conhecendo os conteúdos que serão nele abordados.

Perguntas & respostas

Nesta seção, o autor responde a dúvidas frequentes relacionadas aos conteúdos do capítulo.

Síntese

Você dispõe, ao final do capítulo, de uma síntese que traz os principais conceitos nele abordados.

Questões para revisão

Com estas atividades, você tem a possibilidade de rever os principais conceitos analisados. Ao final do livro, o autor disponibiliza as respostas às questões, a fim de que você possa verificar como está sua aprendizagem.

Estudo de caso

Esta seção traz ao seu conhecimento situações que vão aproximar os conteúdos estudados de sua prática profissional.

capítulo 1
introdução à gestão estratégica de marcas

Conteúdos do capítulo:
- » O que é marca.
- » Evolução histórica de marcas.
- » Grandes marcas no mercado.
- » Registro de marcas e patentes.

O que é marca

Definir *marca* em poucas palavras é uma tarefa tão importante quanto difícil para estudiosos e profissionais de marketing. Existem diversas facetas a serem consideradas e à busca pela objetividade está associado o risco de ser demasiado reducionista. Cabe lembrar aqui que este livro não se propõe a esgotar o assunto, mas sim a disponibilizar uma revisão inicial àqueles que buscam aprender um pouco sobre *branding*. Discussões teóricas mais densas serão sempre bem-vindas, acompanhadas de um café.

Pará empresas, marcas são ativos que devem gerar retorno; são o resumo de investimentos feitos com o objetivo de alcançar determinadas posições estratégicas. Já para consumidores, são elementos capazes de proporcionar felicidade, autoestima, autorrealização, segurança e diversos outros sentimentos e sensações. Como, então, descrever o que é uma marca?

Etimologicamente, o verbo *brandr*, cujo significado era "queimar" no idioma falado pelas populações escandinavas, originou o termo em inglês *brand*, fazendo referência à marca feita por ferro e brasa no couro das cabeças e peças do gado para identificar a quem pertenciam (Keller, 2012). Em língua portuguesa, acredita-se que a palavra *marca*, derivada do verbo *marcar*, tenha vindo do protogermânico suevo *marka* (Oliveira, 2005). Para nossos estudos na área da gestão de marcas, podemos – e devemos – partir da definição de especialistas que são referência na área de marketing. Segundo a American Marketing Association (AMA), uma marca é "um nome, termo, design, símbolo ou qualquer outra característica que identifique o vendedor de um bem ou serviço e o distinga dos demais vendedores" (Brand, 2018, tradução nossa).

Essas definições, entretanto, descrevem a marca como um elemento no contexto do negócio, sem incluir o papel do consumidor em sua construção. Se levarmos em consideração que toda marca é a representação mental que o consumidor atribui a ela, com base em todas as informações e referências prévias de que dispõe, então poderemos afirmar que a marca só existe porque existe um consumidor que atribui significado a ela. A marca passa a ser entendida, então, como o significado que o consumidor atribui àquele nome, termo, símbolo, design ou qualquer outro elemento, não o elemento em si.

> Para empresas, marcas são ativos que devem gerar retorno; são o resumo de investimentos feitos com o objetivo de alcançar determinadas posições estratégicas. Já para consumidores, são elementos capazes de proporcionar felicidade, autoestima, autorrealização, segurança e diversos outros sentimentos e sensações.

A relação entre consumidores e marcas e a apropriação de seu significado para a construção do ser humano consumidor serão discutidas com mais profundidade no Capítulo 4, mas é válido destacar desde já que não existe marca se não há um sujeito atribuindo significado a ela. Sem os sentimentos, lembranças e outras associações do consumidor, as marcas seriam apenas elementos que nem de longe se pareceriam com o ativo estratégico que o negócio espera. Existem tantas marcas quantas pessoas interpretando e significando essas marcas – essa máxima deve ser seu norte quando pensar em *branding*.

Do outro lado da relação, uma empresa que investe recursos na construção desse significado espera obter determinados retornos no que diz respeito a seu posicionamento no mercado, *market share*, rentabilidade, recomendação e quaisquer outros **indicadores** que sejam pertinentes. Para a empresa, a marca é a expectativa de obter uma vantagem e um elemento no qual ela acredita que vale a pena investir.

Nossa definição, então, como já adiantado, não é uma, mas várias. É importante que você compreenda a marca como: um elemento de distinção entre concorrentes no mercado; um ativo da empresa que deve gerar o retorno esperado sobre o investimento feito; na ótica do consumidor, um conjunto de significados positivos ou negativos, advindos de uma rede de associações criadas ao longo do tempo com base nos momentos de contato que teve com a marca.

Evolução histórica das marcas

Relatos históricos revelam que a utilização de marcas já é praticada há muito tempo na evolução humana. Alguns registros da Antiguidade encontrados em objetos como obras de arte e artigos de cerâmica provenientes da Grécia e de Roma trazem marcas compostas de iniciais, nomes, símbolos e emblemas de seus fabricantes. Esse tipo de marcação foi encontrado até mesmo

---

A discussão sobre métricas de marketing é bastante vasta, mas é importante que você tenha sempre em mente que a melhor métrica é aquela que o ajuda a compreender um fenômeno com base nos resultados estratégicos que espera obter com aquela ação. Não existem métricas ideais para todos os cenários e situações, lembre-se disso!

em mercadorias oriundas da Índia datadas de cerca de 1300 a.C. Ao que tudo indica, tais marcas estavam presentes nos artefatos porque, nos primeiros modelos de civilização, era bastante comum que pintores, escultores e artesãos assinassem seus trabalhos com símbolos ou siglas próprios como forma de diferenciação dos demais artistas e comerciantes da região.

No período medieval, além de atrair consumidores aos fabricantes dos produtos comercializados, as marcas tinham outras finalidades importantes como atestar a qualidade do produto e policiar quem rompia os monopólios das companhias da época. Em alguns casos, o uso de marcas se tornou obrigatório justamente para identificar os fabricantes de menor qualidade e permitir que os clientes tivessem a quem recorrer e responsabilizar caso houvesse algum problema. Essa obrigatoriedade era imposta por leis que exigiam até mesmo que padeiros e ourives, por exemplo, aplicassem suas marcas em cada pão vendido ou peça fabricada.

A partir do século XVII de nossa era, quem já exportava suas mercadorias, beneficiando-se, assim, da utilização de marcas próprias, eram os fabricantes de tabaco e remédios norte-americanos, considerados os precursores do *branding* nos Estados Unidos. A história das marcas desde aquele momento só evolui, visto que a busca por diferenciação era muito necessária uma vez que já não existiam tantas diferenças nas características físicas dos artigos comercializados. Um exemplo disso eram os produtos provenientes de fabricantes rurais, que eram vendidos a granel e entregues, até então, sem o cuidado de ter suas particularidades realçadas em relação aos de outros produtores.

Em 1860, a necessidade de diferenciação ganhou força com o surgimento de mercadorias produzidas e embaladas em massa, chamadas de *marcas nacionais*, que tinham grande capacidade de distribuição. As marcas nacionais acabaram substituindo predominantemente as mercadorias vendidas em menores quantidades e estocadas a granel. Essa quebra de paradigmas causou a propagação das marcas consideradas mais comerciais e, por volta de 1915, os setores de marketing das empresas se tornaram mais especializados sob as diretrizes de especialistas encarregados de áreas como produção, promoção e venda pessoal. A maior especialização levou a técnicas de marketing também mais avançadas, e profissionais de *design* foram contratados para auxiliar no processo da criação das marcas comerciais (Aaker, 1998).

Assim, podemos concluir que as marcas evoluíram profundamente desde suas origens, visto que, na Idade Média, por exemplo, se destinavam apenas a identificar o fabricante dos produtos vendidos, passando por mudanças decorrentes da Revolução Francesa e da Revolução Industrial até os dias atuais, em que as marcas se referem aos produtos em si, tendo por intenção individualizá-los cada vez mais, distingui-los dos concorrentes e comunicar valores intangíveis.

No Brasil, a importância da marca para o negócio vem crescendo à medida que o mercado se torna mais competitivo e aberto. Desde a colonização até os dias de hoje, com acordos de livre-comércio e entregas internacionais facilitadas, o número de fornecedores de produtos cresceu bastante e, com ele, a importância de elementos que os diferenciam. É possível, hoje, comprar produtos em pequenas quantidades diretamente de fabricantes na China, apesar de haver produtos semelhantes produzidos no Brasil. Qual é a diferença entre comprar um ou outro levando em consideração que as características dos produtos são bastante semelhantes? O que motiva o consumidor a escolher um ou outro? Marcas nunca foram tão importantes.

Grandes marcas no mercado

Conhecer gestão de marcas envolve, além de dominar conceitos, saber analisar o que marcas de sucesso fazem para se manter nessa situação. Desde o nascimento de uma pequena marca, ao longo de todo o ciclo de sua existência, muitas variáveis influenciam seu desenvolvimento. A seguir, analisaremos algumas das grandes marcas do cenário brasileiro para compreendermos variáveis da gestão estratégica de marcas.

Magazine Luiza

A história da marca começou em 1956, quando Luiza Trajano e seu marido, Pelegrino José Donato, compraram uma loja no interior de São Paulo que se chamava *A Cristaleira*. Um concurso cultural foi promovido na rádio local para escolher o novo nome da marca, que ficou definida como Magazine Luiza. A decisão estratégica de cocriação do nome da marca foi bastante acertada e ele continua bem aceito mais de 60 anos depois.

> Veja a história da empresa na íntegra em Magazine Luiza (2018).

Na década de 1980, após sua abertura para vários sócios e diversas ampliações, foram inaugurados a primeira loja fora do estado de São Paulo e um centro de distribuição. No início da década de 1990, a marca teve dois grandes momentos: o lançamento da loja virtual e a criação de seu *slogan*. No início dos anos 2000, a empresa expandiu consideravelmente, abriu capital e ganhou diversos prêmios.

Em 2005, a marca focou sua estratégia em ações de relacionamento interno, criando a TV Luiza, a Rádio Luiza e o Portal Luiza, para informar os colaboradores. No mesmo ano, a empresa criou a seguradora LuizaSeg, adicionando mais marcas ao portfólio derivado da marca-mãe Luiza, que já contava com a financeira LuizaCred.

Dois grandes elementos da marca merecem destaque. O primeiro é o avatar para a loja *on-line*, Luiza, criado para superar a barreira da não personificação do atendimento virtual – um dos principais fatores que levam consumidores a não fazer compras virtualmente. Com o atendimento da Luiza virtual, a compra *on-line* se torna mais amigável e segura na ótica dos consumidores. Outro elemento é o uso de vídeos demonstrativos de uso dos produtos, também na loja virtual, que auxilia o consumidor, reduzindo a insegurança na hora da compra.

do bem™

> Conheça mais sobre a marca em Do bem (2018).

A do bem™ é uma marca interessante pelo seu posicionamento bastante claro no mercado, que vale a pena ser analisado. Lançada em 2009 por "jovens cansados da mesmice" (o que é apontado em toda a sua comunicação), a marca apresenta um posicionamento jovem e alegre, reafirmando o estilo de vida carioca na sua essência. Os produtos têm apelo saudável. As cores vibrantes utilizadas na imagem visual e a comunicação informal e despojada integram perfeitamente bem a personalidade criada para a marca.

Composto apenas de sucos integrais (100% fruta) em sua origem, o *mix* de produtos da marca foi bastante ampliado desde seu lançamento e, além de outras bebidas, como chá-mate e água de coco, já ofereceu ao mercado barras de cereais, óculos de sol, bonés, relógios e pulseiras inteligentes e alguns outros que compõem o estilo de vida defendido. Sua missão é "simplificar a vida das pessoas e deixar todos os corpos saudáveis".

Em 2016, a empresa se associou à Ambev.

Após menos de oito anos de existência, hoje os produtos da marca estão espalhados pelo mundo em diversos pontos de venda, carregando consigo a essência do estilo de vida alegre e saudável brasileiro e, principalmente, carioca.

Grupo Boticário

A marca nasceu em 1977 como uma farmácia de manipulação no centro de Curitiba e, poucos anos depois, graças à instalação de uma loja no aeroporto da cidade, os produtos ficaram nacionalmente famosos. Os comissários e passageiros acabaram agindo como disseminadores da marca, o que levou, em 1980, à abertura da primeira loja franqueada da marca fora de Curitiba, em Brasília.

O primeiro ponto interessante sobre gestão de marcas que surge quando citamos O Boticário é, na verdade, um problema enfrentado pela empresa em seus primeiros anos como franquia. A falta de controle e padronização entre as lojas espalhadas nacionalmente por cidades pouco populosas levou a um crescimento totalmente desordenado, com graves problemas relacionados à gestão da marca: não era incomum que outros produtos, naturais

> Saiba mais sobre a empresa em Grupo Boticário (2018).

ou de outras marcas, fossem vendidos nas lojas, de acordo com a vontade dos gestores locais. Se isso não soa um alarme de perigo em sua mente de gestor de marcas, ao final deste livro sua opinião será diferente.

Esses erros levaram a mudanças importantes e graduais sobre manuais de operação, *layout* das lojas e portfólio de produtos que foram essenciais para o posterior crescimento da marca. Em 1995, a empresa investiu 40 milhões de reais em uma reestruturação estratégica que contemplou todos os seus setores.

O crescimento planejado correu bem até a ocorrência daquilo que definimos aqui como segundo ponto interessante: quando O Boticário se tornou Grupo Boticário. Em 2010, a empresa lançou três novas marcas, cada uma com um posicionamento bem definido: Skingen, com a proposta de criar produtos personalizados de acordo com as características fisiológicas de cada consumidor; Eudora, focada em vendas direta e estratégia multicanal; e Quem Disse Berenice?, com um posicionamento mais despojado e focado em maquiagens.

Pouco tempo depois, a Skingen saiu do cenário e deu lugar à The Beauty Box, com um formato de loja de produtos de beleza importados em uma versão popular. A expansão para novas marcas e a correta manipulação dos portfólios em momentos inteligentes fazem do Grupo Boticário a maior rede de franquias do Brasil e a maior rede de franquias de cosméticos e perfumarias do mundo.

Havaianas

Criada em 1962, a Havaianas é um grande exemplo de um trabalho de construção de marca muito bem-feito, nacional e internacionalmente. Como no caso do Grupo Boticário, as coisas não deram certo logo de início. Após passar 32 anos sem fazer nenhuma alteração em seu produto, a marca passou a ser associada a pessoas mais velhas e de baixo poder aquisitivo.

> Veja mais sobre a história da marca em Havaianas (2018).

Com o desafio de criar associações que fossem mais relacionadas a conforto e estilo do que a baixo poder aquisitivo, a empresa reformulou, em um único movimento, todos os seus elementos de marca: embalagem, comunicação, distribuição, preço e *design*. Esse movimento foi o lançamento da Havaianas Top, versão do produto três vezes mais cara do que a anterior, encontrada em pontos de venda tipicamente frequentados pela classe média e promovida por celebridades como Malu Mader, no lugar do antigo garoto propaganda Chico Anysio.

O passo seguinte foi a expansão internacional, que também foi feita com cuidado para que a marca fosse sinônimo de item de grife. A estratégia era introduzir o produto em países como França e Itália, importantes para o mundo da moda e para a difusão de tendências. Ações localizadas com formadores de opinião foram importantes nesse momento. O produto era enviado para estilistas e festivais de moda.

Logo a marca estava envolvida em eventos como a Semana de Moda de Nova York e passou a ser reconhecida como um símbolo de beleza aliada à simplicidade. Outras ações com celebridades internacionais também colocaram a marca em eventos como o Oscar, o Grammy e o MTV Awards. Hoje em dia, os produtos

> Lembre que essa é uma discussão antiga e que muitos teóricos defendem que a palavra *logomarca* não existe. No entanto, muita gente a usa no Brasil. Em resumo, *logomarca* é tudo o que compõe a imagem da marca – com palavras, imagens, cores, formatos e simbologia, conforme a marca foi pensada. *Logotipo*, por sua vez, é o arranjo visual da marca: a fonte, o tamanho, o desenho e as cores. O *logotipo* é o visual, a *logomarca* é o conjunto todo mais seu significado. Se você se interessa por essa discussão consulte obras de diferentes posições. Trabalhos de bons autores de publicidade podem ser úteis.

dividem prateleiras com marcas como Dior e Prada, em lojas como Saks Fifth Avenue e Bergdorf Goodman, em Nova York, Galeries Lafayette, em Paris, e Via della Spiga, em Milão.

Registro de marcas e patentes

Registrar uma marca significa ser o detentor legal e exclusivo do direito de uso daquela combinação de letras, desenhos ou símbolos para sua relação com determinada categoria de produtos, por determinado período de tempo. Parece confuso, mas, na prática, significa que só a pessoa física ou jurídica que fizer o registro poderá usar aqueles elementos como marca para aquela categoria de produtos.

Imagine que você decidiu abrir uma hamburgueria e investiu bastante dinheiro na criação de um nome e de um **logotipo** que representassem a essência de seu negócio, conversassem com o consumidor e fossem bem aceitos por seu público-alvo. Você se dedicou ao longo de alguns meses de trabalho até conseguir a combinação perfeita entre elementos visuais e associações na memória do consumidor, para definir o melhor posicionamento e a melhor marca, finalmente. A inauguração foi um sucesso, a cidade toda fez comentários sobre a nova hamburgueria e você está bastante satisfeito com o trabalho que realizou.

Cinco meses depois, em um bairro próximo, uma nova hamburgueria abre na cidade, com o mesmo nome e a apresentação visual da marca muito semelhante àquela que você desenvolveu. O produto deles é ruim, o atendimento é bem diferente daquele que você entrega a seus clientes e você já ouviu pessoas falarem que aquela é uma filial da sua hamburgueria. Se tivesse registrado sua marca no Instituto Nacional da Propriedade Industrial (INPI), bastaria notificar a outra empresa e exigir que ela mudasse sua logomarca. Como você não se ateve a isso, está sem saber como agir. O registro de uma marca é a garantia do proprietário de que nenhuma outra empresa poderá usar a mesma identificação para oferecer produtos semelhantes. É um dos primeiros investimentos que deve ser feito em *branding* no negócio.

O INPI define que diferentes tipos de marcas podem ser registradas. Vamos falar um pouco sobre elas. Quanto à natureza, a marca pode ser de produto, de serviço, coletiva ou de certificação. O que encontramos em maior número são marcas de produtos ou serviços, mas as demais também são bastante importantes. Seguem suas definições segundo a Lei da Propriedade Industrial – Lei n. 9.279, de 14 de maio de 1996 (Brasil, 1996):

> **Registrar uma marca significa ser o detentor legal e exclusivo do direito de uso daquela combinação de letras, desenhos ou símbolos para sua relação com determinada categoria de produtos, por determinado período de tempo.**

> Art. 123. [...]
> I – marca de produto ou serviço: aquela usada para distinguir produto ou serviço de outro idêntico, semelhante ou afim, de origem diversa;
> II – marca de certificação: aquela usada para atestar a conformidade de um produto ou serviço com determinadas normas ou especificações técnicas, notadamente quanto à qualidade, natureza, material utilizado e metodologia empregada; e
> III – marca coletiva: aquela usada para identificar produtos ou serviços provindos de membros de uma determinada entidade.

Quanto à forma de apresentação, o INPI define que a marca pode ser:

» **Nominativa**: Trata-se daquela marca "formada por palavras, neologismos e combinações de letras e números" (Brasil, 2015). A marca Google é um exemplo.

Figura 1.1 – Google

Google e o logotipo do Google são marcas registradas da Google Inc., usadas com permissão

» **Figurativa**: É "constituída por desenho, imagem, ideograma, forma fantasiosa ou figurativa de letra ou algarismo, e palavras compostas por letras de alfabetos como hebraico, cirílico, árabe etc." (Brasil, 2015). A marca da Rede Globo de Televisão é um bom exemplo de marca figurativa.

Figura 1.2 – Rede Globo

TV Globo

» **Mista**: Formato que integra imagem e palavra. A Adidas é um ótimo exemplo de marca mista.

Figura 1.3 – Adidas

rvlsoft/Shutterstock

» **Tridimensional**: De acordo com o INPI, "pode ser considerada marca tridimensional a forma de um produto, quando é capaz de distingui-lo de outros produtos semelhantes" (Brasil, 2015). A embalagem da Yakult é um exemplo de marca tridimensional, porque o consumidor é capaz de identificar o produto pela embalagem.

Figura 1.4 – Embalagem Yakult

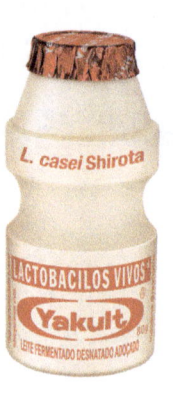

http://www.yakult.com.br/yakult/

Como registrar uma marca?

A primeira coisa que você deve saber sobre registro de marcas é que o órgão federal responsável por essa regulamentação é o INPI, relacionado ao Ministério da Indústria, Comércio Exterior e Serviços. É lá que ficam depositados os registros de marcas e patentes no Brasil.

Sobre o tempo de duração do registro, o INPI define que "a marca registrada garante ao seu titular o direito de uso exclusivo no território nacional em seu ramo de atividade econômica pelo período de dez anos, a partir da data da concessão. O registro pode ser prorrogado por sucessivos períodos de dez anos" (Brasil, 2015). O Manual de marcas do INPI define *marca* como

> um sinal distintivo [aplicado a produtos ou serviços] cujas funções principais são identificar a origem e distinguir produtos ou serviços de outros idênticos, semelhantes ou afins de origem diversa. De acordo com a legislação brasileira, são passíveis de registro como

marca todos os sinais distintivos visualmente perceptíveis, não compreendidos nas proibições legais, conforme disposto no art. 122 da Lei n. 9279/96 [...]. (Brasil, 2017)

O segundo passo no processo de registro é fazer uma busca sobre as marcas já registradas, para evitar investir tempo e dinheiro em algo que já esteja registrado ou que seja muito parecido. As buscas são feitas no próprio site do INPI, sendo necessário apenas se cadastrar. Segue um exemplo de como o resultado é apontado.

Figura 1.5 – Resultado da busca de marcas Danone no site do INPI

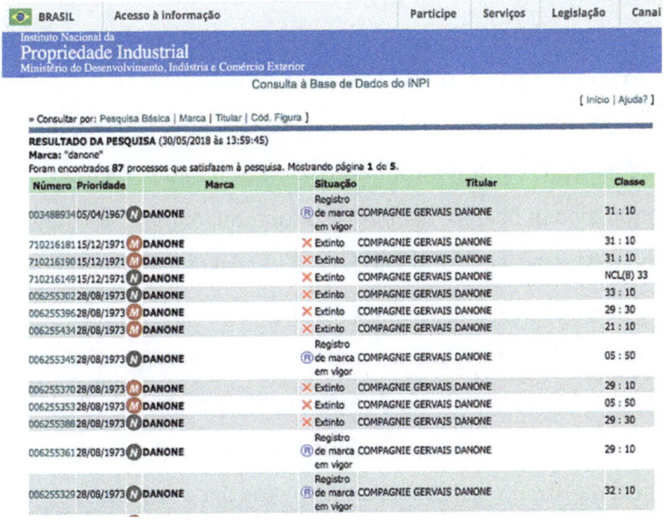

É possível perceber na imagem que a marca **Danone** é de propriedade da empresa Compagnie Gervais Danone desde 5 de abril 1967, para as classes 31:10. Se você depositar

um pedido de registro da marca Danone para algum tipo de produto que se encaixe nessa classe, ele será negado, porque a posse já pertence a outra pessoa jurídica. Entretanto, se você tentar registrar Danone para produzir produtos de outra categoria, como pneus, e ninguém for detentor do registro para esse uso, provavelmente conseguirá.

Após concluída a busca, o terceiro passo é emitir e pagar a Guia de Recolhimento da União (GRU) – única taxa cobrada do INPI para fazer o registro. Muitas empresas e advogados prestam consultoria e acompanhamento para o registro e cobram honorários por esse serviço. Você pode contratar ajuda profissional de alguém com experiência ou registrar você mesmo sua marca, desde que envie todos os documentos e siga os passos necessários.

Em julho de 2017, os valores para o pedido de registro da marca variavam entre R$ 142,00 e R$ 415,00 para pedidos feitos por via eletrônica – podem ser utilizados também formulários de papel. Os **valores** com desconto são para microempresas e profissionais liberais. Lembre-se de que, quando criar seu registro no e-Marcas e emitir a GRU, você precisará fazer *upload* do arquivo da imagem da marca que está buscando registrar, se for o caso. O *site do INPI* é bastante simples e autoexplicativo, sendo possível realizar o pedido de registro de sua marca com facilidade.

As últimas etapas são, após confeccionado o símbolo que será registrado (lembre-se dos diversos tipos de marcas existentes!): acessar o sistema *on-line* do INPI, preencher um formulário, enviar todos os documentos solicitados e aguardar o posicionamento sobre o pedido. Depois disso, é importante ficar atento às

---

A tabela de valores atualizada pode ser encontrada em Brasil (2018).

O endereço atualizado (em maio de 2018) para consultar todas as informações é: <http://www.inpi.gov.br/menu-servicos/marcas>.

datas. O registo vence a cada dez anos e o proprietário recebe um prazo para o pedido de prorrogação por mais tempo. Caso essas datas não sejam cumpridas, a marca fica disponível para ser registrada por outra pessoa.

Lembre-se: registrar a marca é o primeiro passo para uma gestão estratégica e eficiente. Não deixe de prestar atenção nisso.

Perguntas & respostas

1. O que é uma marca?

Marca é um conjunto de significados intangíveis que apresentam diferentes funções: atuam como um elemento de distinção entre concorrentes no mercado, como um ativo da empresa que deve gerar o retorno esperado sobre o investimento feito e, para o consumidor, como um conjunto de significados positivos ou negativos, advindos de uma rede de associações criadas ao longo do tempo com base nos momentos de contato que teve com a marca.

2. Quais são as vantagens de registrar legalmente uma marca?

Ser o detentor legal e exclusivo do direito de uso daquela combinação de letras, desenhos ou símbolos para sua relação com determinada categoria de produtos, por determinado período de tempo.

3. Quais são os tipos de marcas que podem ser registradas no Brasil?

Quanto à natureza, a marca pode ser de produto, de serviço, coletiva ou de certificação. Quanto à forma de apresentação, pode ser nominativa, figurativa, mista ou tridimensional.

Síntese

» Marcas são elementos que apresentam duas perspectivas: são ativos do negócio, devendo gerar retorno financeiro para empresas; são a representação de elementos intangíveis para o consumidor, como valores, símbolos e representações.

» A evolução das marcas pode ser percebida tanto em sua aplicação quanto em seu significado: no início, tratava-se de símbolos que apenas diferenciavam vendedores ou determinavam o possessor de um bem, hoje são elementos cheios de significado que ainda servem para diferenciar o fabricante e para comunicar valores e simbologias ao consumidor.

» Registrar uma marca é um passo bastante importante no processo de gestão, porque garante a posse perante a legislação. Isso significa que os esforços que serão despendidos na criação da marca estarão assegurados ao seu detentor. O órgão público que regulamenta os registros é o INPI.

» Para fins de registro e de acordo com a legislação brasileira, marcas podem ser classificadas, quanto a sua natureza, em: de produto, de serviço, coletiva ou de certificação.

» Quanto à forma de apresentação, o INPI define que marcas podem ser: nominativas, figurativas, mistas ou tridimensionais.

» Qualquer pessoa pode depositar o pedido de registro de uma marca em nome da empresa (Cadastro Nacional de

Pessoa Jurídica – CNPJ), embora existam consultorias especializadas que facilitam a organização da documentação e terceirizam o processo.

Questões para revisão

1. Defina *marca* sob a perspectiva da empresa e do consumidor.

2. Qual é a função de uma marca?

3. Assinale a alternativa que não constitui um formato de marca registrável no Brasil:
   a. Marca nominativa.
   b. Marca figurativa.
   c. Marca tridimensional.
   d. Marca bidimensional.

4. Sobre o registro de marcas no Brasil, assinale verdadeiro (V) ou falso (F) nas afirmativas a seguir:
   ( ) Uma vez depositado o pedido de registro da marca, a empresa será a detentora da posse de uso dela no formato registrado por no mínimo 50 anos.
   ( ) Para receber o direito de uso exclusivo da marca, uma empresa deve passar por um processo complexo que envolve ações judiciais.
   ( ) A empresa que deseja registrar determinada marca deve definir, *a priori*, para quais setores e aplicações aquela marca será utilizada.
   ( ) Apenas advogados podem depositar pedido de registro de marcas.

5. Assinale a classificação correta de marcas – segundo o INPI – para o seguinte descritivo: "aquela usada para atestar a conformidade de um produto ou serviço com determinadas normas, padrões ou especificações técnicas, notadamente quanto a qualidade, natureza, material utilizado e metodologia empregada" (Brasil, 1996):
   a. Marca de produto.
   b. Marca de serviço.
   c. Marca de certificação.
   d. Marca coletiva.

capítulo 2
arquitetura de marcas

Conteúdos do capítulo:

» Tipos de marcas.
» Decisão de marca e posicionamento.
» Segmentação de marcas.
» Arquitetura de marcas.
» Extensão de marcas.
» Ciclo de vida da marca.

*A*rquitetura de marcas é o termo que utilizamos para definir o arranjo das marcas em uma estrutura organizacional – quais marcas serão derivadas de quais outras, como elas estarão posicionadas no mercado e que mensagem vão passar.

Como analogia, imagine que você precisa dispor móveis dentro de uma sala de estar vazia. A sala vazia é o mercado no qual a empresa vai atuar, os móveis são as marcas da empresa e o projeto arquitetônico é o planejamento que você está fazendo: Como estará posicionado o sofá? Qual será sua posição arquitetônica em relação ao tapete, à estante e à televisão – suas outras marcas? Para definir isso, você precisa considerar diversas características da sala – seu mercado –, como tamanho, iluminação, a expectativa das pessoas que farão uso dela, entre outros.

Para definir o arranjo arquitetônico de uma marca, é preciso conhecer o mercado, as marcas que se pretende posicionar, o que elas estão dispostas a oferecer e muitas outras variáveis.

Neste capítulo, explicaremos como encontrar o melhor arranjo arquitetônico com base nas informações disponíveis.

Tipos de marcas

Decidir sobre a estratégia de arquitetura de marcas implica avaliar é ou não necessário utilizar os mesmos elementos de marca (nome, logotipo, identidade visual etc.) para comercializar mais de um produto. É comum que a arquitetura de marca se torne uma preocupação quando a organização começa a expandir e comercializar novos produtos, mas, no caso de empresas que já iniciam seus negócios com portfólio variado, a arquitetura é algo que deve ser considerado desde o princípio.

Pense na marca Coca-Cola. Ao mesmo tempo que existem vários tipos de refrigerante de cola com o nome *Coca-Cola* – Coca-Cola, Coca-Cola Zero Açúcar, Coca-Cola com Stevia são exemplo presentes no Brasil, sem contar as outras variedades presentes em outros países –, a empresa também comercializa diversos produtos sob outras marcas, como os refrigerantes Fanta e Sprite, os sucos Del Valle, os chás Matte Leão e os isotônicos Powerade. Qual é a estratégia por trás dessas decisões?

De acordo com Kotler e Keller (2012), existem três estratégias gerais que normalmente são utilizadas: nomes de família de marca distintos, guarda-chuva corporativo e nome de submarca.

Nomes de família de marca distintos

É aplicado por empresas que utilizam nomes diferentes para cada linha de produtos, de maneira que o público não fique sabendo que os produtos são fabricados ou comercializados por elas. É o caso do Grupo CRM, dono da marca de chocolates Kopenhagen.

A Kopenhagen abriu sua primeira loja em 1928, em São Paulo. Com o tempo e o crescimento da empresa, a marca se especializou em chocolates sofisticados para as classes A e B. Em 2001, surgiu a Cacau Show, empresa concorrente que cresceu rapidamente, fazendo bastante sucesso com a classe C. Faria sentido que o grupo CRM se posicionasse de modo a concorrer com a Cacau Show na classe C, afinal já tinha *expertise* na produção e comercializava chocolates há muito mais tempo. No entanto, como fazer isso sem ameaçar a visão que o público consumidor já tinha da marca Kopenhagen, ligada à sofisticação e à exclusividade? Simplesmente vender produtos mais baratos nas mesmas lojas não era uma opção inteligente. A solução foi encontrada em 2009, por meio da estratégia de nomes de família distintos: o grupo criou a marca Brasil Cacau, posicionado para a classe C, com preços menores do que um quinto daqueles praticados pela Kopenhagen.

Assim, o grupo explorou as principais vantagens da estratégia: por um lado, se os produtos da Brasil Cacau fracassassem, os consumidores não associariam o insucesso à marca mais antiga e consolidada; por outro, caso a nova marca tivesse sucesso com seus produtos populares (a estratégia da Brasil Cacau é focada em preço, não em exclusividade), isso não afetaria a reputação dos produtos de luxo da Kopenhagen. O sucesso de ambas as marcas perdura.

Guarda-chuva corporativo

Empresas que adotam essa estratégia usam a mesma marca para todos os seus produtos. É comum quando os produtos vendidos são de um mesmo segmento e/ou voltados para o mesmo público-alvo. Nestes casos, é vantajoso utilizar a mesma marca especialmente pela redução de custos, já que se evita boa parte dos custos que envolvem lançar uma nova marca, como pesquisas e comunicação. Os novos produtos se beneficiam da reputação criada pelos produtos já existentes, gerando reconhecimento fácil para os consumidores e associações ao que eles já conhecem sobre a marca.

É fácil encontrar exemplos da aplicação dessa estratégia no supermercado. Um deles é o caso da Perdigão, que comercializa sob o mesmo nome embutidos, batata frita, refeições prontas congeladas, carnes, empanados, entre outros.

Nome de submarca

Essa é uma estratégia mista das duas anteriores. A empresa cria submarcas para diferentes linhas de produtos, mas mantém a marca principal em evidência a todo momento.

É o caso da Gilette, com a linha de produtos masculinos Gilette Mach3, composta de lâminas e espuma de barbear, e a linha de produtos femininos Gilette Venus, que contém lâminas e géis para depilação. É uma estratégia muito comum em empresas que comercializam bens duráveis e tecnologia, como os aparelhos móveis da Samsung que recebem a submarca Galaxy.

Com essa combinação de estratégias, os efeitos positivos e negativos das estratégias citadas anteriormente são mesclados e, ao mesmo tempo, reduzidos. Uma falha da submarca ainda pode causar danos à marca principal, mas estes podem ser contidos pela caracterização diferente da submarca. Se, por um lado, a ligação com a marca principal pode endossar o novo produto, por outro, esse poder de endosso contido deve-se ao fato de não ser exatamente a marca principal e exigir algum investimento em comunicação para fortalecer o novo produto.

É importante notar que citamos apenas as três estratégias mais comuns, não a totalidade de estratégias de marca existentes. Além disso, não se deve, necessariamente, escolher apenas uma dessas estratégias para o negócio. É comum que diferentes produtos se encaixem de maneira diferente no portfólio da empresa, dependendo das condições do mercado. Essa avaliação deve ser feita cuidadosamente cada vez que o *mix* for alterado, utilizando a estratégia mais apropriada para o produto e as conjunturas mercadológicas.

Como existem diversas formas de agrupar e classificar estratégias, a organização da hierarquia de marcas em uma organização pode ser mesmo um pouco difícil de entender. Interpretar e implementar uma estratégia de marca é algo que depende de muitos fatores. É isso que exploraremos neste capítulo.

Decisão de marca e posicionamento

A decisão sobre que tipo de estratégia usar e como organizar as marcas de uma empresa deve ser tomada levando-se em conta especialmente dois grupos relacionados ao negócio: o público-alvo e a concorrência. O conjunto de estratégias sobre como se relacionar com os consumidores-alvo e com outras marcas que podem substituir seu produto para esses mesmos consumidores é, em boa parte, o que chamamos de **posicionamento**.

Uma forma simples e útil de se pensar em posicionamento é imaginar a mente do consumidor como um tabuleiro e as diversas marcas que ele conhece como peças nele dispostas. Naturalmente, certas peças estarão mais próximas de algumas do que de outras, algumas serão relativamente parecidas e outras bastante diferentes. As marcas que esse consumidor conhece melhor, como o refrigerante que ele toma desde criança, certamente estarão em uma posição de vantagem, mais próxima do objetivo do jogo (ser a marca escolhida pelo consumidor), em relação a uma marca que ele nunca comprou. Posicionar uma marca nada mais é do que planejar como ela deve ser enxergada pelo mercado consumidor, ou seja, como ela estará posicionada no tabuleiro mental das marcas.

Nesse sentido, o primeiro ponto a ser planejado é a **categoria de mercado** a que a marca deve pertencer. Isso quer dizer que cada consumidor tem não apenas um tabuleiro mental de marcas, mas um para cada segmento de consumo. Não faria sentido, afinal, que uma marca de creme dental estivesse competindo, em um mesmo jogo, com uma marca de automóveis. Em alguns segmentos, a decisão é um tanto quanto óbvia, mas em outros isso não ocorre. É possível manipular os atributos de um produto ou serviço para que ele se aproxime mais de um segmento que de outro.

> Posicionar uma marca nada mais é do que planejar como ela deve ser enxergada pelo mercado consumidor, ou seja, como ela estará posicionada no tabuleiro mental das marcas.

Pense na plataforma de compartilhamento de vídeos mais popular do mundo: o YouTube, criado em 2005 nos Estados Unidos por Chad Hurley, Steve Chen e Jawed Karim. O serviço apresenta características que podem enquadrá-lo em pelo menos três mercados diferentes:

1. Quando surgiu, o YouTube facilitou muito o uso de vídeos na internet. Por questões técnicas, colocar um vídeo em um *site* próprio era complexo e caro. Ao permitir que as pessoas carregassem os vídeos em sua plataforma, o serviço se tornou uma ótima solução para hospedar vídeos, o que nos leva à primeira possibilidade de posicionamento do YouTube: **hospedagem de vídeos**. Sob esse ponto de vista, a plataforma estaria competindo em um tabuleiro com outros *sites* que também oferecem esse serviço, como Vimeo, DailyMotion e Flickr.

2. Para fazer o *upload* de um vídeo, o usuário precisa criar uma conta, que no *site* é chamada de *canal*. Ao criar seu canal, deve escolher uma foto, um nome de usuário e escrever uma descrição de quem é ou do objetivo do canal. Com tudo isso pronto, pode assinar canais de outras pessoas para ter acesso aos vídeos que elas publicam, assim como outros usuários podem assinar seu canal para visualizar os vídeos que postar. É possível trocar mensagens com esses usuários e interagir com eles nos comentários, além de sinalizar publicamente se gostou ou não de algum vídeo. Tudo isso faz do YouTube uma

rede social, colocando-o no mesmo tabuleiro que o Facebook e o Twitter, por exemplo.

3. A maior parte das pessoas que acessam o YouTube atualmente, no entanto, não estão interessadas em produzir e publicar seus vídeos, mas em assistir aos conteúdos dos *youtubers* – pessoas que fazem vídeos regularmente para exibir no *site*. Os usuários espectadores podem ignorar completamente as opções de interação com outros usuários oferecidas pela plataforma e não ter nenhum assinante em seu canal, já que não têm interesse em carregar vídeos. Eles se inscrevem nos canais de que mais gostam e os acessam periodicamente, buscando entretenimento em vídeos que podem ser engraçados, educativos ou informativos, por exemplo. O que esse público busca é exatamente o mesmo que procura quando assiste à televisão ou a filmes, portanto, nesse sentido, o YouTube é um serviço de **entretenimento audiovisual**. Nesse tabuleiro, a plataforma compete com a Globo, o SBT e o Netflix, por exemplo. Segundo pesquisas do Google, inclusive, anúncios publicitários no YouTube já são mais eficientes que na TV (Think with Google, 2016).

Por que é importante que o gestor de marketing do YouTube decida entre se posicionar como um serviço de hospedagem de vídeos, uma rede social ou um *site* de entretenimento? Para definir os pontos de paridade e os pontos de diferença que ele deve estabelecer em relação aos concorrentes. No tabuleiro das marcas, o consumidor tem algumas expectativas sobre o mínimo que uma marca/produto deve oferecer para entrar no jogo – são os **pontos de paridade**. Para se destacar e obter vantagens competitivas em relação aos competidores, uma marca ou um produto deve oferecer benefícios não encontrados em seus concorrentes – são os **pontos de diferença**. A seguir, explicaremos mais detalhadamente como trabalhar esses pontos.

Paridade

Como mencionamos, pontos de paridade são características que representam o mínimo que um produto deve oferecer. De modo geral, são características compartilhadas por todos ou pela maior parte dos competidores de um segmento. Um erro comum cometido por gestores inexperientes é tentar utilizar pontos de paridade como diferencial competitivo, tal qual um restaurante que baseia sua comunicação destacando que oferece *comida saborosa*. A não ser que a cidade em que esse restaurante está localizado tenha por tradição uma gama variada de restaurantes que servem pratos de qualidade duvidosa, *comida saborosa* não deve ser novidade em um restaurante e não representa uma vantagem competitiva. É o mínimo esperado.

Para compreender a importância de definir o segmento em que a marca pretende competir, retomemos exemplo do YouTube. Se você fosse gestor do YouTube e decidisse que ele deve competir como uma rede social, quais seriam os pontos de paridade aos quais deveria se atentar ao gerenciar o negócio? Naturalmente,

> Pontos de paridade são características que representam o mínimo que um produto deve oferecer. De modo geral, são características compartilhadas por todos ou pela maior parte dos competidores de um segmento.

o principal seriam as maneiras por meio das quais os usuários do *site* podem socializar. De modo geral, boas ferramentas para trocar mensagens particulares e encontrar perfis de amigos parecem ser pontos de paridade típicos de redes sociais. Se você faz uso do YouTube, provavelmente já percebeu ao ler este texto que nenhuma dessas duas características está particularmente bem trabalhada no *site*. Por outro lado, com poucos cliques, você encontra conteúdos de acordo com seus interesses e a cada dia há quantidades esmagadoras de novo conteúdo no *site*. Facilidade de encontrar bom conteúdo é um ponto de paridade típico do segmento de entretenimento audiovisual. Assim, temos uma pista forte sobre a direção estratégica que os gestores do YouTube tomaram quanto ao mercado em que se posicionariam.

É possível utilizar esse conhecimento para minar as vantagens competitivas dos concorrentes ao agregar suas características de diferenciação a outros produtos, tornando-as pontos de paridade e forçando o concorrente a buscar outras estratégias ou a se retirar do mercado.

Diferenciação

Pontos de diferenciação são as características exclusivas da marca, ou seja, as características que definem se a marca estará em uma posição de vantagem ou de desvantagem no tabuleiro. Na verdade, é importante ter em mente que, no que diz respeito ao comportamento do consumidor – logo, ao marketing de um modo geral –, **a percepção é mais importante do que a realidade**. Assim, os consumidores devem ser levados a acreditar que não é possível encontrar o atributo de diferenciação de sua marca em outras. É possível que uma marca se aproprie de um ponto de diferença com tanta intensidade e durante tanto tempo que os consumidores não aceitem que outra marca faça o mesmo, demonstrando que essa é uma especialidade daquela marca.

Não é suficiente o ponto de diferença trabalhado ser, de fato, exclusivo, é primordial que seja um fator percebido como importante pelo consumidor e parecer natural para a marca. De acordo com Kotler e Keller (2012), os consumidores devem acreditar que a marca é capaz de cumprir com aqueles requisitos para que o ponto de diferença crie uma associação sólida e duradoura com a marca.

Note que, quando o assunto é posicionamento, tudo se refere ao planejamento, à tomada de decisões que guiarão o futuro. Não basta realizar o diagnóstico das ações da empresa no passado para definir seu posicionamento. É necessário planejar e decidir quais serão as ações da empresa no presente e no futuro para atingir o posicionamento desejado.

Assim, é comum entre os profissionais da área citar o mantra de marca, uma espécie de *slogan* voltado para o público interno da empresa: gestores, parceiros e colaboradores. O mantra de marca deve traduzir de forma simples e direta o posicionamento da empresa e servir como guia para **todas** as decisões a serem tomadas. Por *todas*, realmente deve-se entender toda e qualquer decisão, desde a decoração dos escritórios e o uniforme dos funcionários até o tom de campanhas publicitárias e o *design* das embalagens. É a coesão entre todas as ações da empresa que

> O mantra de marca deve traduzir de forma simples e direta o posicionamento da empresa e servir como guia para todas as decisões a serem tomadas.

delimita seu posicionamento e, portanto, define como os consumidores a percebem.

Segmentação de marcas

Agora que já está claro como o posicionamento funciona e como podemos criar e explorar vantagens competitivas, o trabalho do gestor de marca parece bastante simples, não? Basta ter uma peça bem posicionada no tabuleiro mental dos consumidores. Será? Um empresário de 55 anos que ouve música clássica e uma adolescente de 17 que toca guitarra em uma banda de *rock* avaliam determinadas marcas da mesma maneira? Seus tabuleiros estariam organizados de forma parecida? Certamente não. As pessoas são tremendamente diferentes entre si. É por isso que a segmentação do público-alvo da marca é uma das etapas mais importantes (e complexas) de qualquer plano de marketing.

Um erro muito comum é ser abrangente demais ao segmentar e definir seu público-alvo (também chamado *target* ou *prospect*). Um fabricante de sapatos que define seu *target* como "pessoas que tenham pés" tem grandes chances de falhar na tentativa de criar uma marca forte. Primeiramente, para uma pessoa fazer parte de seu potencial mercado, ela deve querer comprar sapatos (já excluímos do *prospect* do sapateiro algumas tribos indígenas). Em segundo lugar, ela deve ter renda suficiente para comprar sapatos. Por último, deve ter acesso aos meios de venda que o sapateiro usa para comercializar seus produtos (a não ser que ele venda sapatos pela internet, isso limita o mercado à sua cidade – que, se ele tiver alguma sorte, não é uma aldeia indígena). Mesmo considerando essa redução que fizemos em relação ao público-alvo selecionando o mercado em potencial, pessoas diferentes usam sapatos diferentes em ocasiões diferentes. Então, como esse fabricante de sapatos pode planejar a segmentação de sua marca?

Felizmente, algumas pessoas são menos diferentes entre si do que outras. Isso significa que é possível encontrar grupos de indivíduos com necessidades, interesses e estilo de vida relativamente homogêneos. Segmentar com sucesso é identificar esses grupos em seu mercado potencial e selecionar aqueles cuja exploração pode ser mais vantajosa. Tipicamente, consumidores são classificados conforme: características de comportamento ou estilo de vida – segmentação comportamental; características demográficas, como idade ou gênero – segmentação demográfica; variáveis psicográficas, como personalidade – segmentação psicográfica; valores e cultura ou critérios geográficos, como o local onde nasceram ou moram – segmentação geográfica.

Além dos quatro fatores típicos de segmentação (comportamental, demográfico, psicográfico e geográfico), é possível classificar grupos de consumidores de acordo com sua lealdade à marca. Existem diversos modelos que possibilitam fazer essa classificação. Kotler e Keller (2012) sugerem o modelo desenvolvido pelo Market Facts Inc., que classifica tanto usuários da marca quanto não usuários.

Segundo o modelo citado, usuários podem ser classificados como:

- » **Conversíveis**: Consumidores com menor lealdade à marca e que estão muito dispostos a trocar sua marca de preferência.
- » **Volúveis**: Mais leais que os conversíveis, mas ainda consideram outras marcas.
- » **Satisfeitos**: Leais à marca e dificilmente consideram comprar dos concorrentes.
- » **Comprometidos**: Nível máximo de fidelidade à marca.

Os não usuários, por sua vez, podem ser classificados como:

- » **Inatingíveis**: São comprometidos com seus concorrentes, e não com você.
- » **Atingíveis**: Gostam da marca que consomem, mas não com tanto amor.
- » **Indiferentes**: Como o nome deixa claro, para eles tanto faz qual marca comprar.
- » **Disponíveis**: Já decidiram trocar de marca, mas ainda não trocaram.

No contexto de *branding*, analisar os consumidores e o posicionamento de marca em conjunto é um dos principais guias no momento para decidir que tipo de estratégia seguir no caso de novos produtos, extensões de linha, criação de novas marcas ou de submarcas. De maneira simplificada, é necessário analisar se um novo produto fortaleceria ou enfraqueceria as associações que os consumidores fazem com a marca, se fragilizaria ou não a relação com a base de clientes e qual seria seu efeito na competição com os concorrentes. Com as informações em mãos e um planejamento sólido dessas variáveis, gerenciar a arquitetura de marcas deixa de ser um bicho de sete cabeças – talvez ainda seja um bicho com quatro ou cinco cabeças, mas já é melhor do que sete.

Arquitetura de marcas

Agora que já esclarecemos como o posicionamento e a segmentação de marcas funcionam, é possível definir um mantra básico (vamos chamá-lo de *mantra do arquiteto de marcas*) que resume toda e qualquer estratégia de arquitetura de marcas: aumentar a cobertura de mercado, gerando valor de marca sem causar canibalização (quando uma marca/produto lançado pela empresa diminui as vendas de outra marca/produto da própria empresa). O caso da Kopenhagen, citado no início deste capítulo, é um ótimo exemplo desse mantra. Vender seus produtos por um preço menor teria o efeito de atingir um mercado maior, mas ao custo de diminuir seu valor de marca *premium*. Isso vai contra o mantra do arquiteto de marcas, portanto uma nova marca foi criada.

A estratégia da Apple também pode ser explicada pelo mantra. Inicialmente uma empresa de computadores, a marca expandiu seus negócios diante da possibilidade de vender mais produtos para as mesmas pessoas. Se um sujeito compra um computador apenas uma vez a cada três ou quatro anos, por que não vender para ele um *smartphone*? E depois um *tablet*? E depois um *smartwatch*? Todos esses produtos carregam o *design*, a tecnologia e o pioneirismo típicos da Apple, o que fortalece seu valor de marca. Nenhum deles oferece concorrência direta entre si: são todos produtos complementares, o que evita canibalização. Assim, o mantra está completo e a lucratividade é exemplar.

É útil visualizar o portfólio de marcas e produtos da empresa como uma matriz: a matriz marca/produto. Nessa matriz, as colunas representam marcas e as linhas representam os produtos de cada uma das marcas, como mostrado no quadro a seguir.

Quadro 2.1 – Matriz marca/produto

Marcas	Produtos				
	1	2	3	4	...
A					
B					
C					
...					

Existem duas medidas importantes em qualquer matriz, o número de colunas e o número de linhas. No caso de uma análise/um planejamento de arquitetura de marcas, o número de linhas é chamado de *profundidade* e indica a quantidade de marcas mantidas pela empresa. O número de colunas é chamado de *amplitude* e indica quantos produtos existem em cada marca.

Compreender se a matriz marca/produto de determinada empresa tem amplitude ou profundidade grandes demais ou pequenas demais também pode se resumir em uma diretriz bastante básica (básica de se perguntar, complexa de se responder). Se ocorrer alguma mudança na matriz, o mantra do arquiteto de marcas é satisfeito ou ferido? Mais especificamente: É possível aumentar a lucratividade e o valor de marca ao **incluir** um produto ou uma marca nova no portfólio? Se a resposta a essa pergunta for *sim*, a amplitude e/ou a profundidade estão pequenas demais. O contrário também pode ser observado: É possível aumentar a lucratividade e o valor de marca ao **excluir** um produto ou uma marca existente no portfólio? Se a resposta a essa pergunta for *sim*, a amplitude e/ou a profundidade estão grandes demais.

O fato de a adição de um produto contribuir para a lucratividade pode ser relativamente intuitivo, mas a exclusão de um produto surtir esse efeito pode parecer estranho. Afinal, com menos produtos você deve ter menos vendas e, portanto, menos lucratividade, certo? Nem sempre. Em 2012, o Grupo Pão de Açúcar, dono de grandes nomes do varejo brasileiro, como Casas Bahia, Ponto Frio e Extra, promoveu o reposicionamento do Ponto Frio. Se esse movimento falhasse, era provável que o Ponto Frio deixasse de existir e, dessa forma, o Grupo Pão de Açúcar teria mais lucro do que se o mantivesse ativo.

Vamos pensar de forma simplificada para que isso faça sentido. Imagine que você é dono de uma sorveteria em uma cidade pequena. Cada um dos 10 habitantes da cidade (é uma cidade realmente pequena) compra um sorvete por dia. Pensando em aumentar seus negócios, você abre outra sorveteria na mesma cidade esperando que os 10 habitantes agora comprem um sorvete em cada uma. O que acontece, no entanto, é que eles continuam comprando apenas um sorvete cada, mas agora cinco compram na primeira sorveteria e cinco compram na segunda. Suas vendas continuam iguais (10 sorvetes por dia), mas sua estrutura de custos dobrou. Agora você tem que arcar com os custos de comunicação de duas marcas diferentes, tem o dobro de funcionários e paga contas de água, luz e telefone para duas lojas. Se as vendas continuam iguais e os custos aumentaram, você teve sua lucratividade reduzida. Nesse caso, a profundidade da matriz é grande demais e, excluindo uma das lojas, seus lucros devem aumentar.

É o que acontecia com o Ponto Frio em 2012. Originalmente, Casas Bahia e Ponto Frio eram marcas realmente concorrentes e pertenciam a empresas diferentes. Em 2009, o Grupo Pão de Açúcar comprou o Ponto Frio, e o que antes era competição passou a ser canibalização, já que as duas marcas tinham posicionamento parecido e eram voltadas ao mesmo segmento de mercado. O reposicionamento de 2012 mudou o público-alvo do Ponto Frio para as classes A e B. Suas lojas passaram a focar a venda de produtos ligados a tecnologia, enquanto a Casas Bahia continuou focando na classe C, mantendo a amplitude da matriz marca/produto.

Outra matriz importante para o arquiteto de marcas é a Matriz Ansoff, batizada em homenagem a seu criador, que a apresentou em diversos materiais. Ela aborda a estratégia de mercado da organização como quatro possibilidades, representadas pelos quadrantes da matriz.

Quadro 2.1 – Matriz Ansoff

		Produtos	
		Existentes	Novos
Mercados	Existentes	Penetração de mercado	Desenvolvimento de produtos
	Novos	Desenvolvimento de mercado	Diversificação

Fonte: Ansoff, 1957, p. 114.

Se a estratégia é baseada em ganhar mais espaço vendendo mais dos mesmos produtos para os mercados em que a empresa já está presente, não há grandes manobras de marca ou alterações na amplitude ou na profundidade do portfólio a serem feitas. A estratégia seria a de **penetração de mercado**, focada em ações de concorrência (promoções, reduções de preço, investimento em comunicação etc.). O segundo quadrante, o **desenvolvimento de produtos**, descreve uma situação em que o objetivo é explorar o mesmo mercado, mas com produtos diferentes. É como o caso da Apple, que discutimos antes.

Os dois últimos quadrantes abordam estratégias em que novos mercados e público-alvo serão explorados. Se a empresa pretende explorá-los com os produtos já existentes no seu portfólio, chamamos a estratégia de *desenvolvimento de mercado*. É o caso de trabalhar a comunicação e o posicionamento dos produtos existentes para que atinjam um mercado que antes não consumia o produto. Por último, a mais complexa das estratégias é a **diversificação**, caso em que se desenvolvem novos produtos para novos mercados. É mais complexa, pois é praticamente o mesmo que iniciar uma nova empresa do zero, com o risco adicional de os novos negócios ferirem a marca original e seu desempenho em mercados em que a empresa já está bem estabelecida. Mesmo assim, não é uma estratégia tão incomum, especialmente quando nos referimos a grandes grupos empresariais (Samsung e P&G, por exemplo).

Hierarquia de marcas

Caro leitor, até este ponto, procuramos manter tudo simples e confortável de se entender. No entanto, destacamos que chegamos a um ponto em que, possivelmente, haverá confusão. Você pode pensar em exemplos que não se encaixam no que está sendo descrito e ficar confuso. É por isso que fazemos este alerta.

O tema da hierarquia de marcas é um dos melhores exemplos em que, mesmo sendo um clichê, vale dizer "Na prática não é bem assim". O que acontece quando analisamos essa temática por um viés teórico é que não somos capazes de acompanhar e cobrir a totalidade de possibilidades do que ocorre no mercado, porque se trata de uma divisão didática, e não de uma norma prescritiva. Diariamente, gestores de marcas têm novas ideias e testam novos modelos de hierarquia, criam novos produtos, mudam marcas, aumentam nomes, acrescentam novos sabores etc. O que podemos fazer em nível acadêmico é pensar em um modelo generalista que se aproxime da maior parte dos casos. Por isso, esteja ciente de que, ao fazer compras, você pode notar que alguns conceitos apresentados aqui não aparecem exatamente como explicados, alguns níveis hierárquicos não se aplicam, enquanto outros podem parecer duplicados em um único produto e, talvez, existam níveis adicionais.

Tendo esclarecido isso, é importante que você compreenda o modelo básico de hierarquia e o utilize como guia para tomar decisões. Apenas esteja ciente de que variações podem e vão acontecer e que você também pode adaptar o modelo para que sua estratégia faça sentido.

Até este ponto do texto, versamos sobre as decisões de usar ou não a mesma marca para novos produtos. Ao tratar da hierarquia de marcas, passamos a comentar como organizar a interação entre as marcas de uma empresa. Alguns elementos (logo, cores, *slogan* etc.) podem ser comuns a vários produtos e denotar um senso de unidade entre eles, enquanto outros podem ser completamente exclusivos. Um modelo simplificado que tenta ordenar essa hierarquia prevê até quatro níveis de marca, como mostra a figura a seguir.

Figura 2.3 – Níveis de marca

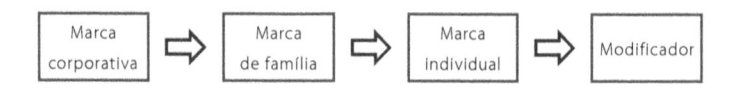

Marca corporativa ⇨ Marca de família ⇨ Marca individual ⇨ Modificador

A **marca corporativa**, que também pode ser chamada de *marca de empresa*, é o nível mais alto na hierarquia e, por isso, é simples de se entender. Em todos os exemplos, quando descorremos sobre uma empresa que controla várias marcas, naturalmente essa empresa possui uma marca própria. É provável que não existam produtos associados à marca corporativa, já que o seu papel é apenas gerenciar as marcas em níveis inferiores da hierarquia. Em alguns casos, a marca corporativa é pouco conhecida e provavelmente sirva apenas para identificar a empresa para seus fornecedores e parceiros, como é o caso do Grupo CRM; em outros, a marca de empresa é utilizada como um endosso para todas as outras marcas em seu portfólio, como é o caso da Unilever.

O segundo nível da hierarquia é a **marca de família**. Em uma empresa que controla apenas uma marca de família, é provável que o primeiro e o segundo nível sejam uma coisa só, ou seja, o nome da empresa é a marca que estampa seus produtos. No caso da Unilever, é possível identificar diversas marcas de família em seu portfólio, como Dove, Knorr e Arisco. Note que cada uma das três marcas é utilizada para vender diversos produtos de categorias diferentes, mas com uma grande unidade em sua proposta de valor e posicionamento. A Dove vende sabonetes, cremes, *shampoos* e diversos outros produtos de higiene e beleza. Com a proposta de praticidade ao cozinhar, a Knorr oferece sopas, caldos e temperos. Com um apelo para a nacionalidade e a cultura da família brasileira de se reunir à mesa, a Arisco vende *ketchup*, mostarda, temperos e caldos.

Terceiro nível na hierarquia, as **marcas individuais** são restritas a uma categoria de produtos. É o caso da Pepsi, marca de refrigerantes da PepsiCo. Os diferentes tipos de Pepsi, como Pepsi Twist e Pepsi Light, representam o último nível de hierarquia: os **modificadores** de marca.

Como já referimos, essa classificação não esgota nem define com precisão tudo o que pode ser feito no que tange à hierarquia. O real valor em entender esses níveis está em aprender a raciocinar de acordo com o papel que cada nível hierárquico deve ter na criação de valor para os produtos e as empresas associados a ele. Se uma marca corporativa não vende produtos diretamente para o público consumidor, seu papel não pode ser associado a aspectos utilitários de um produto (praticidade, sabor, exclusividade etc.). Contudo, essa mesma marca corporativa pode ser muito valiosa quando conquista credibilidade perante a sociedade em que está inserida ao delimitar sua responsabilidade social, dar confiança para as pessoas que trabalham ou podem trabalhar para a empresa, fortalecer sua reputação na relação com fornecedores e com o governo. Em acréscimo, essas associações positivas podem ser estendidas para as marcas de família e individuais associadas a ela.

Da mesma maneira, a diferenciação entre marcas de família e marcas individuais é clara nesse ponto, como se nota pelos posicionamentos dos exemplos de marcas de família citados (Knorr, Dove e Arisco). Todos ressaltam características mais intangíveis e subjetivas, que se estendem facilmente a uma gama variada de produtos. Para marcas individuais, por sua vez, é possível explorar tanto características tangíveis quanto intangíveis, pois a marca pode ser moldada especificamente para um único produto e suas variações e, portanto, pode ser planejada para "conversar" com um segmento de público de maneira muito específica.

Note também que não é por um capricho que essa organização é chamada de *hierarquia*. Isso significa que os níveis mais acima afetam direta ou indiretamente os níveis mais abaixo. Kotler e Keller (2012) dão um bom exemplo em que os quatro níveis aparecem muito bem alinhados: Fiat (marca corporativa); Palio (marca de família); Adventure (marca individual), Weekend (modificador). Um consumidor, ao comprar o carro, é impactado pelo *branding* de todos os níveis hierárquicos. Se apenas um nível for alterado, é provável que a percepção do produto também seja alterada. Não basta que o consumidor saiba que é um Palio. É importante que seja: um carro da Fiat, uma montadora italiana líder no mercado automotivo brasileiro; da linha Adventure com o modificador Weekend, indicando que o porta-malas é mais versátil em relação a outras versões; e voltado para aqueles que usam o carro para viajar a lazer com alguma frequência.

Ao tomar decisões sobre a hierarquia, é preciso considerar alguns cuidados. O primeiro deles é não criar mais níveis de hierarquia do que o necessário. Gerenciar uma marca e criar um posicionamento sólido e claro para os consumidores já não é uma tarefa simples, imagine fazê-lo para duas, três ou quatro marcas ao mesmo tempo. Os ganhos com valor de marca precisam justificar esse trabalho e investimento. Aqui, você pode estar se perguntando: Como julgar quando o investimento se justifica? Como indicamos ao longo desta seção, esse julgamento é mais arte do que ciência, não existem fórmulas ou diretrizes a se seguir. Produtos que exigem menos envolvimento e geram menor percepção de risco na compra, como utensílios de escritório e papel higiênico, são diferentes de produtos de alto envolvimento e risco, como *smartphones*, computadores e carros, que necessitam de muito esforço e argumentos de venda. Pense em sua própria experiência de compra: Você dedicaria à escolha de papel higiênico o mesmo tempo que dedica para compreender as diferenças entre carros de marcas diferentes? Se você respondeu que sim, acho que deveria repensar sua estratégia para escolher carros. Mesmo para produtos mais complexos, mais do que três níveis hierárquicos serão níveis demais, podendo confundir o consumidor.

O segundo cuidado refere-se à combinação dos diferentes níveis de marca associados a um único produto. É natural que alguns níveis hierárquicos estejam em maior destaque do que outros. Por isso, é importante manipular corretamente as variáveis que determinam o que deve ser destacado, já que as associações de marca e o posicionamento do nível mais evidente prevalecerão em relação aos demais. Isso não quer dizer que um nível dominará completamente a percepção dos consumidores, mas que os níveis vão se somar de forma proporcional a seu destaque no produto. Basicamente, a disposição dos elementos de marca de cada nível é que define o que fica em evidência. Qual nome aparece antes, o da marca corporativa ou da marca individual/de família? Em carros, é comum que a marca corporativa apareça antes (Fiat Palio, Citroen C3, Audi A4 etc.), já em perfumes é o contrário (212 VIP *by* Carolina Herrera, 1 Million *by* Paco Rabbane etc.). Faz sentido se considerarmos que, para automóveis, as associações à marca corporativa de tradição, suporte e segurança são muito importantes. Para perfumes, por sua vez, os elementos de personalidade e as características únicas de cada um são mais relevantes, embora a marca corporativa (a grife) desempenhe papel importante, ao conferir *status* e exclusividade ao produto. Os elementos gráficos também são relevantes nessa análise. Na embalagem do produto, qual marca recebe mais destaque no que se refere a tamanho, cores e posição? Elementos chamativos devem receber mais ênfase, e isso pode ser importante para garantir, por exemplo, que a marca corporativa tenha mais ou menos efeito sobre a percepção dos consumidores, de acordo com os planejamentos da empresa.

Extensão de marcas

Até agora, discorremos de forma abrangente sobre as decisões de utilizar uma marca existente, criar uma nova ou combinar ambas para introduzir um novo produto no mercado. É chegada a hora de "dar nome aos bois". Na verdade, a um específico: a **extensão de marca**. Não se preocupe! Apesar de ser um nome novo, é algo que já comentamos bastante e com que você já deve estar familiarizado. *Extensão de marca* significa utilizar uma marca já existente para novos produtos, sejam estes variações de produtos já existentes (adição de modificadores), sejam totalmente originais. Esses casos são especificados como: *extensão de linha* e *extensão de categoria*, respectivamente (Kotler; Keller, 2012).

Alguns dos fatores que motivam o uso dessa estratégia já foram apontados neste capítulo, como a óbvia economia em programas de comunicação: se a marca já existe e já é conhecida pelos consumidores, não é preciso investir na criação e na divulgação de uma nova marca. Estima-se que a eficiência dos investimentos em comunicação de um novo produto fruto de uma extensão de marca é quase duas vezes maior do que a de um que use uma nova marca. É natural que isso ocorra, já que o conhecimento da marca reduz o risco que os consumidores percebem ao comprar um novo produto.

Extensões de marca também podem ser uma estratégia útil para lidar com consumidores cuja lealdade esteja abalada. Por exemplo, um consumidor propenso a mudar seus hábitos de compra pode passar a consumir

> Estima-se que a eficiência dos investimentos em comunicação de um novo produto fruto de uma extensão de marca é quase duas vezes maior do que a de um que use uma nova marca.

extensões em vez de buscar uma marca concorrente. Seguindo o mesmo raciocínio, extensões são úteis para abranger um mercado maior: uma versão zero açúcar de um refrigerante pode convencer pessoas preocupadas com sua saúde a consumir a marca que, na sua versão original, não seria uma opção.

Além desses benefícios mais óbvios, uma vantagem interessante da estratégia de extensão de marca é que ela beneficia a marca-mãe tanto quanto (ou mais que) o novo produto lançado. Em síntese, o novo produto e sua relação com os produtos existentes tem o poder de fortalecer o posicionamento da marca-mãe. O caso Uver é um exemplo.

O Uber surgiu em 2010 como um aplicativo para que motoristas oferecessem caronas remuneradas. No tabuleiro mental dos consumidores, ele estava competindo no segmento de transporte individual e era visto como uma espécie de táxi de luxo. De lá para cá, a empresa expandiu seus serviços de maneira bastante significativa. Em algumas cidades, além dos carros, é possível pegar caronas de helicóptero ou barco. Em outras, está disponível o UberEATS para pedir comida de restaurantes da região e o Uber Rush para fazer entregas. Em cidades em que o aplicativo encontrou obstáculos legais para operar com seu sistema de "caronas" em razão da falta de documentação dos motoristas, é possível usar o UberTAXI para solicitar um táxi convencional por meio do *software* da empresa. Todas essas extensões levaram a associação do Uber a passar de *caronas* para *transporte facilitado*, seja o transporte de pessoas (por terra, água e ar), seja o transporte de comida e objetos, por exemplo.

Ainda de acordo com esse posicionamento, e de olho no avanço da tecnologia e na mudança cultural da sociedade, a Uber é uma das principais empresas que mais investem na pesquisa de **veículos autônomos**, seja relacionada a carros para transporte urbano, seja a caminhões para operações logísticas. Note que a empresa está se aproximando de um posicionamento tão sólido que pode resistir até aos temidos avanços tecnológicos, responsáveis pela extinção de tantos negócios nos últimos anos. Se, em razão da existência de carros-robôs, as pessoas pararem completamente de dirigir em um futuro próximo, o Uber continuará relevante graças a suas extensões de linha.

> Veículos sem motoristas, que se dirigem sozinhos – dotados de inteligência artificial.

Mas, se extensões de marca podem fazer tudo isso, onde está o risco? No **erro**. Extensões de marca malplanejadas podem ser bastante desastrosas. Se os consumidores não perceberem a relação entre o novo produto e a marca ou se os benefícios esperados simplesmente não se efetivam, tanto o novo produto quanto a marca-mãe podem ter sua imagem manchada e sua competência questionada. Faria algum sentido, por exemplo, se a Colgate vendesse refeições congeladas em supermercados?

Mesmo parecendo que inventamos isso apenas para dar um exemplo do que não se deve fazer, apesar da óbvia falta de ligação entre a marca e o segmento de alimentos congelados (qualquer tipo de alimento, na verdade), em 1982, a Colgate realmente tentou introduzir no mercado americano a linha Colgate Kitchen Entrees ("Pratos Principais Colgate", em tradução livre para o português). Não apenas os pratos congelados foram um fracasso total, como as vendas de pasta de dente da marca caíram. Temos uma associação muito forte com a marca relacionada à higiene oral. Criar associações erradas ou ruins, gerar canibalização e confundir o consumidor e os varejistas são riscos reais de extensões de marca.

Como, então, não cometer erros e evitar esses efeitos negativos? Keller e Machado (2006) definem um passo a passo para uma extensão de marca bem-sucedida. A seguir, analisamos e exemplificamos cada uma das etapas:

1. **Definir o conhecimento atual e desejado da marca.** Qual é o posicionamento da marca e quais são seus benefícios centrais? Mapear corretamente o benefício oferecido ao consumidor foi o trunfo das extensões do Uber, já que a empresa poderia ter definido que seu benefício seriam apps ou caronas, em vez de facilitação de transportes. A noção temporal ao responder a essas perguntas é muito importante: Onde estamos agora e onde queremos estar no futuro? O planejamento de longo prazo é essencial para definir quais extensões de marca devem ser colocadas em prática.

2. **Identificar possíveis candidatas à extensão**, recorrendo, por exemplo, a pesquisas com o público consumidor da marca para obter as sugestões que parecem mais óbvias, mas não se limitando a isso, já que outras opções menos evidentes, mas bastante condizentes com a marca e seus objetivos, não surgem com frequência nesse tipo de pesquisa. É útil mapear as associações com a marca principal nesse momento. O Uber, desde seu surgimento, já era associado a tecnologia, praticidade e

transporte. Essas associações são anteriores às extensões citadas neste capítulo. Considerando nesses três pilares, você consegue pensar em alguma outra extensão para sugerir à Uber?

3. **Avaliar o potencial da candidata à extensão.** A forma mais simples e imparcial de avaliar se uma extensão apresenta algum potencial de sucesso é exatamente o que fizemos ao perguntar se faria sentido a Colgate vender comida: buscar entender como os consumidores avaliam a extensão apenas com base no que já conhecem sobre a marca e sobre o segmento. Ao fazer a pergunta sem qualquer tipo de apresentação sobre os novos produtos, o julgamento, livre da influência de qualquer tipo de esforço de venda, é um bom indicativo de como os consumidores devem avaliar a extensão. Pesquisas mais elaboradas, que avaliam e preveem as possíveis associações de marca que a extensão deve ter uma vez introduzida no mercado, também são importantes. Algumas perguntas norteadoras: Seriam associações fortes? Seriam pontos de diferença relevantes? Além das variáveis relacionadas ao consumidor, esse é o momento de avaliar variáveis relacionadas à concorrência. A extensão de marca é, no fim das contas, a medida por meio da qual a empresa começa a competir em um mercado em que ainda não está estabelecida. É possível competir com as empresas já posicionadas no mercado? Caso seja um mercado ainda pouco explorado e a extensão faça sucesso, é esperado que outras empresas

lancem seus próprios produtos para explorar o mercado em que você foi pioneiro. Nesse cenário, a empresa é capaz de manter a competitividade após as investidas da concorrência?

4. **Elaborar programas de marketing para lançar extensões,** tomando cuidado especial com os elementos basilares da hierarquia de marca e aspectos como escolha, disposição e combinação dos elementos da marca-mãe e da extensão. No que diz respeito à comunicação, quanto mais diferente é o posicionamento da extensão em relação à marca-mãe, mais importante é demonstrar para os consumidores qual é seu posicionamento e quais são suas vantagens (pontos de diferença) perante a concorrência. É relevante também, especialmente em extensões de linha, esclarecer como o novo produto se relaciona com os produtos existentes. É uma substituição, uma nova opção ou são produtos complementares? Qual é a ligação entre eles?

5. **Avaliar o sucesso da extensão e os efeitos sobre o valor da marca-mãe.** De forma direta, é a avaliação da capacidade da extensão de ter valor próprio, independentemente da percepção que os consumidores têm da marca-mãe. Uma extensão totalmente dependente é uma extensão frágil e suscetível a falhar rápido ao enfrentar qualquer movimento da concorrência por não apresentar um posicionamento forte o suficiente. Também é importante avaliar qual é o efeito da extensão sobre a marca-mãe. É um exemplo a Uber, em que cada

extensão fortaleceu a marca principal e a empresa de um modo geral? Ou é um exemplo a Colgate, em que a tentativa fracassou miseravelmente? Fique atento para casos menos caricatos do que o caso da fabricante de produtos de higiene pessoal, pois é possível que uma extensão seja bem-sucedida, mas acabe ferindo o valor da marca-mãe (lembra do motivo da existência da Brasil Cacau?).

Ciclo de vida da marca

Nossa última lição importante sobre arquitetura de marcas concerne ao ciclo de vida de marcas e produtos. Simon (1979), autor importante na área, definiu *ciclo de vida* de forma bastante clara para estudantes e gestores, e essa definição é utilizada até os dias de hoje. Para ele, *ciclo de vida da marca* se refere à quantidade de tempo em que uma marca em particular foi vendida em determinado mercado, desde seu nascimento até seu declínio, diferentemente do *ciclo de vida do produto*, que se aplica ao produto especificamente, não à marca como um todo. Ambos passam por estágios semelhantes, mas um diz respeito à marca em geral e outro ao produto. Para estudarmos os estágios, trataremos de marca e produto simultaneamente, mas é fundamental que você sempre se lembre de que *produto* e *marca* são elementos bastante diferentes na estratégia da empresa.

> Ciclo de vida da marca se refere à quantidade de tempo em que uma marca em particular foi vendida em determinado mercado, desde seu nascimento até seu declínio, diferentemente do ciclo de vida do produto, que se aplica ao produto especificamente, não à marca como um todo.

Um produto (ou uma marca) recém-lançado tem alguns elementos de gestão fundamentalmente diferentes de um produto (ou marca) já bem-estabelecido, desde a rentabilidade até os esforços de comunicação e distribuição. Por que isso é importante para a gestão da arquitetura de marcas? Boa parte deste capítulo é sobre o lançamento de marcas e produtos para ganhar mercado e, nesse contexto, compreender o funcionamento do ciclo de vida de produtos é essencial para tomar decisões corretas, seja ao planejar um lançamento focado no crescimento, seja em uma manobra de proteção ao notar que certo produto está em declínio.

O ciclo de vida de produtos é dividido em quatro partes: introdução, crescimento, maturidade e declínio. Observe a representação gráfica na figura a seguir.

Figura 2.4 – Ciclo de vida de produtos

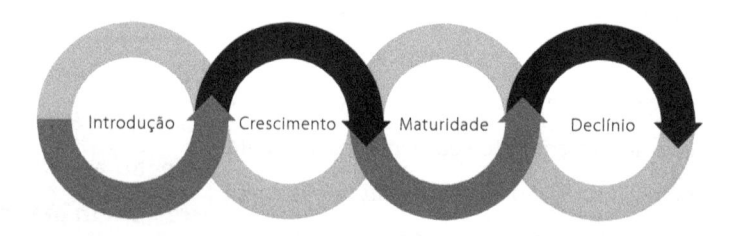

É bastante intuitivo o que cada uma das fases significa.

Na etapa de **introdução** do produto no mercado, as vendas tendem a ser baixas e focadas em um nicho de consumidores mais propensos a experimentar novidades. Em conjunto com os custos de desenvolvimento do produto, comunicação e distribuição, isso aumenta a probabilidade de prejuízo para a empresa nessa fase. Exatamente por isso, os preços costumam ser mais altos, a distribuição, mais seleta, e a comunicação, voltada para reconhecimento para a marca e/ou o produto.

A fase de **crescimento** é quando toda a tristeza que o gestor sentiu durante a introdução é compensada. Enquanto os custos de promoção se mantêm e os custos de manufatura caem, as vendas crescem rapidamente, já que agora boa parte do mercado reconhece a marca e o risco percebido é menor. É um momento muito adequado para lançar extensões de linha com o objetivo de maximizar a presença de mercado, pegar carona no crescimento do produto original e combater os concorrentes que, à essa altura, estarão tentando explorar o mesmo segmento.

Após essa grande penetração de mercado, a tendência é que os produtos atinjam a **maturidade**: uma fase em que as vendas se mantêm estáveis no pico. Isso ocorre principalmente porque todos os consumidores propensos a realizar a compra já o fizeram e, a partir de agora, a fonte de faturamento serão as compras repetidas realizadas pelo mesmo grupo de consumidores. Como a marca está bem estabelecida nesse ponto e o derradeiro declínio é esperado em seguida, esse é o momento de buscar formas de se manter relevante. É possível continuar com a estratégia de extensão de linhas e novos modificadores ou expandir para extensões de categoria e exploração do mesmo ou de novos mercados com novas marcas.

Algum tempo depois, em razão de mudanças tecnológicas ou culturais, ou até mesmo pela ação da concorrência e da conjuntura econômica do mercado, é chegado o momento do **declínio**.

utilizou muito bem a estratégia de extensões de linha para se manter relevante e combater a concorrência em um mercado que, em virtude do avanço tecnológico, mudou quase completamente desde sua primeira investida há mais de 20 anos.

Perguntas & respostas

1. Qual é a melhor estratégia de arquitetura de marcas?
A melhor estratégia é aquela que entrega os objetivos da empresa e consegue posicionar a proposta de valor aos consumidores de maneira a otimizar os retornos a ambos os lados.

2. Toda marca apresenta obrigatoriamente os quatro níveis hierárquicos – marca organizacional, marca de família, marca individual e modificador?
Não. Os níveis são encontrados em arranjos diferentes, conforme a opção da empresa na definição estratégica. É possível encontrarmos marcas organizacionais com modificadores, por exemplo.

3. Quais são os passos para uma extensão de marca bem-sucedida, segundo Keller e Machado (2006)?
1. Definir o conhecimento atual e desejado da marca.
2. Identificar possíveis candidatas à extensão.
3. Avaliar o potencial da candidata à extensão.
4. Elaborar programas de marketing para lançar extensões.
5. Avaliar o sucesso da extensão e os efeitos sobre o valor da marca-mãe.

Síntese

» Existem três estratégias gerais que normalmente são utilizadas na definição de arquitetura de marcas: nomes de família distintos, guarda-chuva corporativo e nome de submarca.

» A decisão sobre que tipo de estratégia usar e como organizar as marcas de uma empresa deve ser tomada levando-se em conta especialmente dois grupos relacionados ao negócio: o público-alvo e a concorrência.

» Segmentação e posicionamento são dois elementos vitais para os sucesso da gestão de qualquer marca.

» Segmentar o público-alvo com sucesso é identificar no mercado potencial grupos semelhantes entre si e selecionar aqueles cuja exploração pode ser mais vantajosa.

» No caso de uma análise/um planejamento de arquitetura de marcas, o número de linhas da matriz marca/produto é chamado de *profundidade* e indica a quantidade de marcas mantidas pela empresa. O número de colunas é chamado de *amplitude* e indica quantos produtos existem em cada marca.

» Um modelo simplificado que tenta ordenar a hierarquia de marcas prevê até quatro níveis: marca corporativa, marca de família, marca individual, modificadores.

» *Extensão de marca* significa utilizar uma marca já existente para novos produtos, sejam estes variações de produtos já existentes (adição de modificadores), sejam totalmente originais.

Questões para revisão

1. Em que casos a estratégia de extensão da marca pode ser a melhor escolha?

2. Um supermercado decide inovar e passa a agrupar seus produtos em prateleiras sob os seguintes nomes: "*Chefs* amadores", "Receber os amigos", "Não tenho tempo", "Dia a dia" e "Sendo *fitness*". Qual foi a estratégia de segmentação adotada?

3. São nomes de estratégias de arquitetura de marcas:
   a. Marca corporativa, marca de família, marca individual.
   b. Marca de negócio, marca individual, marca única.
   c. Marca única, marca ímpar, marca de família.
   d. Marca guarda-chuva, marca de família, marca principal.

4. É a definição correta para a relação entre ciclo de vida de marca e de produto:
   a. O ciclo de vida da marca geralmente acompanha o ciclo de vida do produto, com suas fases – introdução, crescimento, maturidade e declínio – acontecendo simultaneamente.
   b. *Ciclo de vida da marca* se refere à quantidade de tempo em que uma marca em particular foi vendida em determinado mercado, desde seu nascimento até seu declínio, diferentemente do *ciclo de vida do produto*, que se aplica ao produto especificamente, não à marca como um todo.

c. É na fase de crescimento que o ciclo de vida de marca e do produto encontram seu ponto de maior simetria e a marca gera mais valor para a empresa e para o cliente.

d. Ciclo de vida da marca é o mesmo que ciclo de vida de produto, pois ambos seguem as cinco fases: introdução, crescimento, maturidade, declínio e ressurgimento.

5. Classifique as alternativas como prós (P) ou contras (C) da organização com o uso da estratégia de marca individual:

( ) Garante grande possibilidade de penetração no mercado, ainda que com produtos concorrentes.

( ) O custo de investimento com comunicação aumenta com a quantidade de marcas.

( ) Eventuais deslizes de uma marca não atingem ou atingem pouco as demais.

( ) Ainda que existam diversas marcas, uma não empresta força à outra.

capítulo 3
valor de marca

Conteúdos do capítulo:

» *Brand equity* (BE): concentração, mensuração e construção.
» *Consumer based brand equity* (CBBE): concentração, mensuração e construção.
» *Brand experience.*
» *Buzz marketing.*
» *Storytelling.*
» *Design thinking.*

Brand equity

A língua portuguesa pode nos pregar peças às vezes, em especial nos conceitos de marketing. Enquanto no original em inglês existem nomes diferentes para diferentes conceitos teóricos, em português há diferentes conceitos complexos que são designados por um único nome. Isso mesmo, em contextos diferentes e variando de autor para autor, a expressão *valor de marca* pode significar coisas diferentes. *Brand equity* (BE), *brand value* e *consumer based brand equity* (CBBE) são todos traduzidos no Brasil como *valor de marca*.

Iniciemos por um entendimento prático do que é o BE e por que ele é importante no dia a dia de um gestor de marcas. O termo *brand equity* se confunde um pouco com o termo *brand value* e os dois foram traduzidos, conforme já apontamos, como "valor de marca" – e há mais emoções por vir com o próximo conceito! Do ponto de vista financeiro, *brand equity* e *brand value* são a mensuração do valor do bem chamado *marca* para uma empresa, assim como se mede o valor de suas máquinas e patentes. É o ativo financeiro que a marca representa.

Construir uma marca forte é criar um bem poderoso para a empresa. Um bem que pode ser comprado, vendido e investido e que, muitas vezes, pode valer muito mais do que qualquer outro bem da empresa. Imagine duas camisetas brancas feitas de 100% algodão com o mesmo corte. Uma é da marca Hering e custa cerca de R$ 50,00 nas lojas. A outra é da marca JohnJohn e custa R$ 200,00. Esses R$ 150,00 de diferença representam a quantidade de dinheiro a mais que a JohnJohn pode receber apenas por sua marca estar estampada no produto. Isso faz parte do BE.

Aaker (1991) define *brand equity* como "o conjunto de ativos e passivos ligados a uma marca, seu nome e símbolo, que adicionam ou subtraem valor de um produto ou serviço". Todo o papo contábil de "ativos e passivos" pode confundir, mas o autor define cinco grandes categorias autoexplicativas em que esses elementos se organizam:

» Lealdade à marca.
» Reconhecimento do nome.
» Qualidade percebida.
» Associações de marca.
» Outros ativos (patentes, marcas registradas, relacionamentos com canais etc.).

Esses cinco itens são bons resumos das explicações sobre BE neste capítulo (talvez até mesmo deste livro todo). É notável como esses itens são capazes de resumir todos os objetivos que um gestor de marketing tem quando desempenha seu trabalho. A construção de BE pode ser considerada o produto final de todo o trabalho de marca realizado por uma empresa.

Podemos definir *brand equity*, de forma bem simples, como o valor financeiro de uma marca ou a capacidade que uma marca tem de gerar ativos financeiros para a companhia que a detém. Você concorda que algumas marcas são capazes de gerar mais dinheiro que outras, certo? Isso acontece porque permitem vender produtos mais caros, seus clientes são fiéis e não compram produtos de concorrentes, existem há muito tempo e têm presença sólida no mercado, entre outros. O cálculo do valor financeiro da marca é complexo, mas considera sempre os ativos que a marca pode gerar no futuro.

Empresas costumam medir o BE por dois motivos: (1) para incluir nos balanços patrimoniais de seus negócios; e (2) para determinar quanto cobrar por ela nos momentos de fusão/aquisições. Em 2014, o Facebook pagou 16 bilhões de dólares pelo WhatsApp, o aplicativo de mensagens pelo celular que funciona *on-line*. O faturamento anual do aplicativo antes da compra foi de 20 milhões de dólares, o que significa que o Facebook precisaria de 800 anos para recuperar seu investimento. O que justifica essa compra, especialmente se pensarmos que a tecnologia por trás do aplicativo é simples o suficiente para que os engenheiros do Facebook fizessem uma versão própria por muito menos que isso? A explicação é que a tecnologia é simples de se replicar, mas o valor de marca construído pelo WhatsApp entre 2009 e 2014 e a expectativa de crescimento que acompanha esse valor não são nada simples de se replicar. Isso é o BE do WhatsApp.

Como mensurar o *brand equity*

Há diversas maneiras de tentar mensurar quanto vale uma marca para a empresa com base na perspectiva financeira. Nenhuma delas é à prova de falhas, mas é preciso conhecê-las para compreender como raciocinar sobre BE. A mais simples é considerar quanto dinheiro foi investido para construir a marca até o dia da mensuração. Se entre *designers*, pesquisas, comunicação e outros investimentos foram gastos 10 milhões de reais, então a marca vale 10 milhões de reais. Mas você já deve imaginar que o custo de algo não reflete seu valor. Em casos em que o dinheiro foi mal investido, esses 10 milhões dificilmente se convertem em valor no futuro; nos casos em que o dinheiro foi bem investido, o rendimento esperado certamente deve superar essa quantia. Uma variação desse método tenta superar esse problema ao considerar a quantia necessária para criar uma marca tão forte quanto a avaliada a partir do momento atual. O raciocínio é: Se eu quisesse lançar uma nova marca de refrigerantes agora, quanto dinheiro seria necessário para que ela fosse tão forte quanto a Coca-Cola? Se o valor estimado é de 500 milhões, é isso que a marca Coca-Cola vale. Faz sentido, mas, considerando a intangibilidade e a imprevisibilidade dos fatores de mercado que afetam o valor de uma marca, isso pode não corresponder à realidade; daí esta ser uma tarefa hercúlea – se não completamente impossível – de se realizar.

A abordagem mais aceita atualmente considera o potencial rendimento de uma marca em vez de sua construção e, por isso, podemos dizer que se trata mais de valor do que de preço, como nos últimos métodos citados. É uma perspectiva bastante contábil chamada de *fluxo de caixa descontado incremental*. Consiste em projetar a contribuição exclusiva da marca nos fluxos de caixa esperados em uma janela de períodos futuros e calcular o valor presente desse montante. Simplificando, seria a resposta à questão "Quanto dinheiro essa marca deve me render no futuro?", considerando-se, porém, que fosse possível obter o valor imediatamente, já que o valor do dinheiro oscila com o tempo e o conhecimento do valor da marca é necessário no presente. O problema óbvio dessa abordagem seria a dificuldade de prever o futuro, mas projetar fluxos de caixa é um exercício comum para contadores e avaliadores de empresas. A única novidade nesse caso seria calcular quanto do fluxo de caixa se deve exclusivamente à marca.

A ISO 10668 é a norma regulamentadora para os padrões de medida de valor financeiro de uma marca. Ainda não há versão em português, mas, ao fazer uma busca na internet, além de encontrar a norma, é possível acessar alguns comentários em português que podem ser bastante instrutivos. A norma descreve diferentes formas de medida e detalha os procedimentos a serem seguidos para valorar uma marca. O profissional de marketing não precisa saber calcular esse valor (embora isso seja um ótimo diferencial caso trabalhe com *branding*), mas precisa saber como ele é construído para conseguir pensar em estratégias de gestão eficientes. Para resumir, a norma aponta como indicadores do cálculo: preço de venda, volume de vendas, fluxo de caixa futuro gerado – e diversas taxas de desconto diferentes, conforme cada caso –, taxa de crescimento de mercado, entre outros. Fugiríamos do escopo deste livro se detalhássemos as medidas aqui, mas dedique um tempo a aprender sobre o tema, você não vai se arrepender!

Como construir o *brand equity*

Estando claro que BE é o valor financeiro de uma marca, constituído basicamente por sua capacidade de gerar ativos para a empresa, podemos dar um passo adiante e pensar em estratégias para construir BE, ou seja, estratégias para aumentar o valor financeiro de uma marca. Todas elas estão diretamente relacionadas ao interesse de gerar mais ativos para a empresa, certo?

Vale selecionarmos e analisarmos dois dos indicadores citados na seção anterior. Lembremos que nenhum fator isoladamente forma o valor da marca e que nada é uma verdade absoluta quando nos referimos à interação entre pessoas e empresas. Preparado? Vamos lá!

1. **Preço *premium***: Marcas que podem cobrar **preço *premium*** devem valer mais que marcas que cobram preços populares. Se focarmos nesse tópico, que estratégias devemos construir para aumentar o BE da marca? Exatamente! Aquelas que nos permitem aumentar o preço de venda para o consumidor. Elementar, não?

   > Porque preços maiores geram maior faturamento para a empresa.

2. **Volume de vendas**: Diz respeito ao *market share* da empresa, ou fatia de mercado que ela detém, ou, em palavras bastante simples, da quantidade de produtos que ela vende (em especial comparado aos concorrentes). Se a intenção é aumentar o valor da marca focando em

volume de vendas, que estratégias podem ser adotadas? Não precisa ser nenhum gênio para descobrir, certo? É possível focar em treinamento ou aumento da equipe de vendas, em abertura de novos mercados, em lançamentos de novos produtos etc.

Em suma, para incrementar o valor financeiro de uma marca, é preciso saber quais elementos formam esse valor, trabalhar cada um individualmente e construir estratégias globais para a empresa que permitam à marca gerar mais ativos no futuro. Na próxima seção, trataremos do outro valor de marca, aquele que representa o que o consumidor pensa/sente sobre ela: o *consumer based brand equity* (CBBE).

> **Para incrementar o valor financeiro de uma marca, é preciso saber quais elementos formam esse valor, trabalhar cada um individualmente e construir estratégias globais para a empresa que permitam à marca gerar mais ativos no futuro.**

Consumer based brand equity

Consumer based brand equity (CBBE), ou *valor de marca baseado no consumidor*, é a visão do valor da marca voltada ao programa de marketing e ao valor que o consumidor dá à marca. Já mencionamos isso no Capítulo 2, quando explicamos como gerenciar a interação entre as marcas do portfólio de uma empresa e como posicionar marcas. Além disso, no Capítulo 1, abordamos a função que as marcas têm de diferenciar seus produtos em relação aos de fabricantes diferentes. Podemos dizer que a grande vantagem de diferenciar fabricantes é justamente a distinção de seu valor de marca. Lembre: só existe uma marca porque existe um consumidor para significá-la. Esse significado que o consumidor dá à marca é o seu valor.

Pense em computadores. Um MacBook (marca de *notebooks* da Apple) intermediário, no momento da escrita desta página, pode ser comprado no Brasil por R$ 13.899,00. Um *notebook* vendido pela Dell, com componentes (memória, processador, tamanho da tela e outras tecnicidades) muito parecidos com os do MacBook, pode ser encontrado por R$ 9.009,00, ou seja, aproximadamente 65% do valor do computador da Apple. Claro que isso poderia ser apenas um exemplo de como o pessoal da Apple realmente não sabe fazer negócios e precificar seus produtos. Mas a posição da Apple como uma das marcas mais valiosas do mundo é uma forte evidência de que não é esse o caso.

Então, o que justifica o fato de a empresa cobrar R$ 4.890,00 a mais e os consumidores estarem dispostos a pagar? Talvez seja o *design* de vanguarda característico dos produtos da empresa. Certamente isso agrega algumas centenas de reais, mas o *design* não significa nada se os consumidores não gostarem dele, certo? E os outros milhares de reais ainda não explicados? Talvez seja o *software* exclusivo, famoso por ser otimizado de acordo com a arquitetura dos componentes e pela eficiência extra que isso traz; novamente, isso só importa se os consumidores gostarem de um produto exclusivo – que, aliás, não permite o uso de alguns programas. Os consumidores, por algum motivo pessoal, acham que vale a pena

> Podemos dizer que a grande vantagem de diferenciar fabricantes é justamente a distinção de seu valor de marca. Lembre-se: só existe uma marca porque existe um consumidor para significá-la. Esse significado que o consumidor dá à marca é o seu valor.

pagar a mais por um computador dessa marca, e o motivo pelo qual eles decidem que vale a pena é a representação do CBBE da marca, construído porque esses consumidores percebem valor no *design*, na exclusividade do *software*, ou por qualquer outro motivo.

Se perguntarmos a diferentes pessoas que possuem um MacBook por que optaram por esse produto, teremos tantas respostas quantos são os consumidores. A explicação para as pessoas pagarem tão mais caro pelo MacBook é a marca, não alguma característica tangível. É **intangível**. Pode ser um motivo interno, como autorrealização por poder pagar por um produto desse preço ou gosto por exclusividade, pode ser um objetivo externo, como ostentar uma marca *premium* ou sentir-se parte de um grupo, entre diversos outros.

Note que esse valor é um dos efeitos do BE, e não o BE em si. Além de garantir margens de lucro mais agressivas, o BE positivo garante avaliações mais favoráveis do desempenho e da experiência do consumidor com a marca. Em pesquisas que utilizam teste cego, esse efeito é facilmente observável quando os consumidores alteram radicalmente sua avaliação de atributos tangíveis (sabor, conforto etc.) ao saber quais marcas estão consumindo em comparação com suas avaliações antes de saber a marca. Em razão disso, um CBBE forte também faz a concorrência precisar se esforçar mais para gerar qualquer dano à empresa, já que seus consumidores são muito mais fiéis à marca, respondendo melhor a suas ações de marketing do que às da concorrência. Uma competidora pode depender de grande redução de preços para ter um efeito igual ao de uma redução de preços sutil da marca mais forte, por exemplo.

Com isso em mente, é possível que você já possa definir o CBBE. Tente responder à pergunta: O que motiva seus conhecimentos ou você mesmo a pagar mais por algumas marcas do que por outras? Você pensa que certa marca é diferente das outras? Superior? Familiar? São associações mentais desse tipo que compõem o valor de marca. O CBBE é a posição da marca no tabuleiro mental dos consumidores e as razões que a colocam nessa posição.

Em alguns casos, essas associações são totalmente relacionadas a algo tangível, como a tecnologia empregada nos produtos, mas, ainda assim, só para a fatia de consumidores que considera a tecnologia importante. Os demais não pagariam a mais por isso. Em outros casos, relacionam-se a algo totalmente intangível, como a associação a um estilo de vida e outras aspirações. Tenha em mente que não é possível atribuir o sucesso na construção de BE de uma marca forte a apenas uma associação ou sequer a um único tipo de associações.

Como mensurar o *consumer based brand equity*

Um modelo bastante aceito para descrever o CBBE o divide em quatro pilares: 1) **diferenciação potencial**, que se refere a quanto os consumidores percebem a marca como diferente das outras; 2) **relevância**, que acessa a importância da proposta da marca para o mercado (uma marca de carros que se propõe a ser aquela que fabrica os carros mais amarelos do mercado provavelmente teria pouca relevância, por exemplo); 3) **estima**, que mede o quanto consumidores "gostam" da marca, ou seja, o quanto a percebem como uma marca de qualidade ou respeitada;

e 4) **conhecimento**, que é a medida de quanto os consumidores de fato conhecem e reconhecem a marca (Kotler; Keller, 2012).

Outros modelos mais acadêmicos referem o nível de saliência, *performance*, julgamentos, sentimentos, imagens e ressonância da marca (Keller; Machado, 2006). Muitos autores de marketing se dedicam a encontrar a melhor combinação de elementos capaz de descrever e medir ou representar o valor de uma marca para o consumidor. Se você estiver interessado em seguir por essa área, recomendamos fortemente que consulte os trabalhos de David Aaker e Kevin Keller, o que seria um ótimo ponto de partida.

Há, ainda, modelos que incluem diferentes variáveis na conta do CBBE, como o banco de dados BrandZ, que inclui a percepção sobre o desempenho dos produtos da marca e as ligações emocionais. Está também à disposição o modelo de ressonância de marca, que classifica os consumidores de acordo com sua relação com ela.

Levando em consideração o contexto em que foram desenvolvidos, alguns modelos podem fazer mais sentido para alguns tipos de negócios do que outros. Por isso, é importante compreender de forma generalista como o CBBE funciona e o que ele representa para escolher o modelo que seja mais adequado. A Interbrand, uma consultoria de gestão de marcas, desenvolveu seu próprio método de valorar, que considera indicadores financeiros e do consumidor. No *site* da empresa, apresentam-se os detalhes da medida e listas anuais de marcas mais valiosas de diferentes indústrias em muitos países. A seguir, mostramos um exemplo das marcas mais valiosas do Brasil em 2016. Os valores estão em milhões e a porcentagem corresponde à variação em relação ao valor medido em 2016.

Figura 3.1 – Marcas mais valiosas do Brasil (2016)

1	2	3	4	5	6	7
Itaú	Bradesco	Skol	Brahma	Banco do Brasil	Natura	Antartica
8%	15%	9%	4%	2%	1%	3%
26.611	18.734	14.867	10.713	9.981	6.927	3.974
8	9	10	11	12	13	14
Petrobras	Vivo	Cielo	BTG Pactual	Americanas	Renner	Ipiranga
-17%	-8%	12%	-27%	14%	17%	16%
3.433	2.429	1.832	1.336	1.122	1.118	1.066

Valores em milhões de reais.

Fonte: Adaptado de Interbrand, 2018.

Como construir o *consumer based brand equity*

Já que o CBBE, como diz o nome, é baseado nas percepções do consumidor, é evidente que as ferramentas para construí-lo também devem estar alicerçadas sobre isso. Este é um bom momento para aprofundarmos nosso entendimento sobre o tabuleiro mental. Para começo de conversa, a marca chega ao tabuleiro quando o consumidor a conhece. Então, temos o primeiro fator importante para construir CBBE: **lembrança de marca** ou suas variações de memória, como reconhecimento e consciência.

Essas variáveis são a medida de quanto os consumidores se lembram da marca e são capazes de reconhecê-la quando se deparam com ela em pontos de venda, em materiais de comunicação ou em conversas com amigos. Mas você certamente se recorda de várias marcas que nunca consumiu e nem pretende consumir. Isso nos leva ao segundo fator importante para o conhecimento de marca: a **imagem de marca**.

A imagem de marca na percepção dos consumidores pode ser acessada por meio das associações que eles mantêm (já comentamos bastante sobre associações e a essa altura você deve ter uma boa noção do que elas representam para o marketing e para as marcas). É útil compreender o que são associações de uma maneira mais abrangente, não apenas em situações de consumo, mas de forma a entender como a mente humana funciona.

Quando o tema são **associações**, faz-se referência a como memórias se organizam e nos fazem criar atitudes e julgamentos sobre o mundo. Nossa memória funciona como uma rede e, sempre que aprendemos algo novo – um fato, um conceito ou uma característica –, esse conhecimento é processado e armazenado de acordo com os conhecimentos prévios que temos. Nesse contexto, a ativação de uma memória torna muito provável que as memórias associadas sejam ativadas também.

> Ao lembrar da casa dos seus avós, você provavelmente se lembra de algum cheiro específico. No meu caso é o cheiro de café coado. Essa lembrança foi tão forte durante minha infância e adolescência que era impossível sentir o cheiro de café coado e não me lembrar imediatamente da casa da fazenda da minha avó, de toda a família reunida, e sempre pão de queijo saindo do forno. Quando entrei no mestrado, passei a tomar café em reuniões e conversas informais com os professores e colegas ou para estudar. Levei o hábito para o escritório e, a partir de então, o cheiro de café deixou de

me fazer lembrar das férias na fazenda para me lembrar de trabalho. Continuo achando que café pede pão de queijo para acompanhar: é a esse fenômeno que chamamos **associação**.

No contexto de marketing, quais associações os consumidores têm com a marca, o que a lembrança de marca ativa em suas memórias? São associações nostálgicas, como férias, ou urgentes, como prazos e trabalho? Elas remetem a algum outro produto associado?

Pensando nisso, quanto mais sensível à CBBE for o segmento (produtos de alto valor e risco percebido), mais importante criar associações fortes, positivas e exclusivas com a marca, pois é o ponto principal da decisão de compra. Em mercados de baixo envolvimento, por sua vez, um mínimo de lembrança da marca já pode ser o suficiente para influenciar as decisões de consumo.

É dessa dupla de componentes que vem uma das regras da publicidade, normalmente resumida em duas palavras: *alcance* e *frequência*. Para a construção de CBBE, significa que os estímulos de marca, como logotipo, embalagem e campanhas de comunicação, precisam de alcance (chegar a um grande número de pessoas) e de frequência, pois também criamos lembranças por meio da repetição. Quanto mais temos contato com algum estímulo, mais facilmente nos lembramos dele. Para as associações e a criação da imagem da marca, o conteúdo das mensagens passadas por meio do programa de marketing (comunicação, patrocínios, produtos etc.) e a experiência do consumidor com a marca são mais importantes. Com a crescente exposição dos consumidores a estímulos de marcas, criar associações fortes tem se tornado um desafio cada vez maior. Já não é suficiente fazer um anúncio de revista usando um bom *slogan*. Por isso, a cada ano surgem novos termos nos departamentos de marketing e agências de publicidade: as empresas estão ansiosas por soluções que as tornem relevantes para seus consumidores. A seguir, detalhamos algumas dessas soluções, que podem ser bastante valiosas para a construção de BE.

Brand experience

Brand experience refere-se à criação de experiências cheias de significado para o consumidor quando ele estiver em contato com determinada marca. No cinema, por exemplo, não é indicado fazer um personagem dizer para o outro: "Cuidado com o João, ele é um cara malvado". Em vez disso, deve-se mostrar o João roubando doces de crianças, quebrando os óculos de velhinhas e esticando o pé para que cegos tropecem. Assim, sem que ninguém precise falar, o espectador sabe que o João não é um cara legal e, quando um personagem disser apenas "O João está vindo", provavelmente já ficará apreensivo com o que estará prestes a acontecer.

É esse o raciocínio por trás do marketing de experiência. Em vez de apenas utilizar um vídeo de trinta segundos na televisão para dizer que sua cerveja conecta as pessoas e é perfeita para festas épicas, a Skol patrocinou por três anos seguidos o festival Lollapalooza Brasil e batizou um dos palcos com sua marca. O Lolla é um dos principais eventos culturais do mundo e possivelmente uma das maiores expressões existentes de uma "festa épica", pois reúne as principais bandas nacionais e internacionais em um único lugar durante um final de semana.

Pense, por exemplo, na experiência do fã da banda Rancid, que esperou 25 anos até que eles finalmente viessem ao Brasil pela primeira vez. Em artigo publicado no *site* Tenho Mais Discos que Amigos, Aiex (2017) escreveu sobre o *show*:

> *Havia um senso de camaradagem à frente do palco, com as pessoas cantando, se olhando e se divertindo, compartilhando aquele momento único pelo qual cada um esperou pacientemente até que as guitarras de Tim e Lars e as linhas de baixo absurdamente geniais de Matt Freeman ecoassem pelo local.*

Muitas pessoas viveram experiências marcantes no Palco Skol do Lollapalooza e a marca estava presente garantindo uma associação com esses momentos e sentimentos positivos. Além disso, a Skol implementou uma brincadeira tecnológica que permitia que as 100 mil pessoas presentes no festival se comunicassem por meio de cartazes e um aplicativo para *smartphones*, tangibilizando a parte de estabelecer conexão entre as pessoas em seu posicionamento.

Mais que patrocinar eventos de terceiros, algumas marcas fazem eventos próprios com o mesmo objetivo de criar e fortalecer associações por meio de experiências, mas com um controle muito mais refinado de detalhes do que em eventos patrocinados. No entanto, é preciso ter cuidado na criação dessas experiências, para que seja algo que interesse ao consumidor, uma vez que não é como no caso de patrocínios, em que a estrela principal não é a marca, mas alguma atração que genuinamente faz as pessoas quererem estar presentes e participar. É fundamental pensar nisso quando se está criando uma atração de *brand experience*.

O que está sendo proposto é interessante o suficiente ou é apenas uma exibição do produto?

Em alguns casos, é possível que a atração principal seja única e exclusivamente a marca, como no Harley-Davidson Museum, nos Estados Unidos. A Harley-Davidson tem como um dos pilares de seu posicionamento ser uma *love brand*, uma marca tão amada que dita um estilo de vida. Nesse sentido, um museu exibindo a história da empresa, com modelos de motocicletas antigas, documentos, roupas e outros registros de sua história, é um prato cheio para seus fãs. Compreender como o consumidor se relaciona com a marca e ter foco em seu posicionamento e nas associações de marca desejadas é o que define se a experiência será um sucesso ou um fracasso.

Enquanto para produtos tangíveis o marketing de experiência é uma opção para comunicar valor, para os serviços é uma faceta essencial para o sucesso do negócio. Com sua natureza intangível e difícil de controlar, desenhar com cuidado a experiência que o consumidor terá ao interagir com o serviço é uma das principais maneiras de criar associações fortes de marca.

Existem diretrizes para o marketing de experiência, citadas por Keller e Machado (2006), que são uma espécie de guia de como criar experiências para consumidores de marcas. A primeira delas é o **planejamento da experiência**, estágio em que os autores sugerem que nada seja deixado ao acaso e recomendam que o profissional de marketing seja "criativo, surpreendente e provocativo" (Keller; Machado, 2006). A segunda indicação tem relação direta com a primeira: ao planejar, é necessário dar foco à experiência do consumidor e apenas depois pensar nos benefícios de sua marca.

Outra orientação importante, relacionada tanto com o planejamento quanto com a execução da experiência, é pensar de forma abrangente sobre o contexto de consumo e não apenas no produto. Uma boa experiência não é desenhada com base no que se espera do produto, mas no que se espera de um momento de consumo. O que as pessoas buscam quando saem de casa atrás de diversão? Ou o que esperam de um restaurante incrível? A principal diferença desse pensamento é a capacidade de mapear pontos de paridade e diferença que coloquem o produto em uma posição de vantagem, pois considera o consumidor e seu comportamento, em vez de se basear apenas no que os concorrentes já fizeram.

> Enquanto para produtos tangíveis o marketing de experiência é uma opção para comunicar valor, para os serviços é uma faceta essencial para o sucesso do negócio.

Esse modo holístico dita outra diretriz ligada a esta última: o **pensamento sensorial**. É necessário considerar que interagimos com o mundo por meio de nossos sentidos. Todos eles. Estimular todos os sentidos – os estímulos visuais, auditivos, sonoros, táteis e olfativos que devem compor a experiência de consumo – cria experiências mais marcantes. No ano novo de 2014, a Vodafone, multinacional britânica de telecomunicações, patrocinou o *show* de fogos de artifício no *réveillon* em Londres. Em conjunto com os clássicos fogos, a empresa fez projeções mapeadas e distribuiu pulseiras luminosas para o público. Todos esses estímulos visuais eram coordenados com a música, que também determinou o momento em que *sprays* deveriam lançar nuvens com cheiro de frutas e neve com gosto de pêssego sobre o público presente.

Até mesmo no desenvolvimento de produtos é possível utilizar *brand experience*. É o caso da Guinness, cerveja típica irlandesa que coloca em suas latas uma esfera de nitrogênio que garante a espuma cremosa típica da cerveja. Por isso, os fãs da cerveja defendem que a única maneira correta de tomar uma Guinness é servindo-a em um *pint*, copo típico de *pubs* britânicos com a boca afinada que facilita a formação da espuma. Percebe o ritual criado pela marca? Isso é marketing *brand experience*.

Buzz marketing

Buzz marketing é, assim como *brand experience*, uma tentativa de criar associações de marca sem ter que usar publicidade para dizer "Olhem como eu sou legal". Com a exceção de publicitários e gestores de marketing, ninguém realmente gosta de publicidade. Na verdade, a maioria das pessoas é bastante cética sobre o que é dito na comunicação patrocinada pelas empresas. Isso significa que a empresa pode até gastar alguns milhares de reais do orçamento de marketing para convencer um consumidor que seu desodorante é melhor do que os das concorrentes, mas basta um comentário espontâneo de um amigo do tipo "Usei e não gostei muito" para fazê-lo mudar de opinião.

Notando esse efeito tão forte do boca a boca, profissionais e pesquisadores da comunicação passaram a procurar formas de incentivar consumidores a falar positivamente sobre produtos, marcas e empresas. São esses esforços que chamamos de *buzz marketing*. Em definição bem simples, podemos considerar que o *buzz* é o "zumbido", o "comentário boca a boca", a "indicação em que você pode confiar", que aparentemente não é incentivada pela marca, mas gerada espontaneamente porque o produto é mesmo como relatado.

Um dos pilares do *buzz marketing* são os formadores de opinião. Já há muitas décadas que se acredita que a mídia de massa não influencia diretamente a população – as mensagens são primeiramente filtradas por formadores de opinião (Thomas Jr., 2004). Mais recentemente, com a popularização das mídias sociais, ocorreu a descentralização dos influenciadores. É fácil perceber como existem pessoas influentes de forma mais localizada do que há 20 anos. Incentivar essas pessoas a falarem sobre o produto é uma das principais maneiras de criar *buzz*. Elas costumam ter forte envolvimento com a categoria de produto (caso contrário, não teriam motivação para falar sobre ele) e traços de liderança social. Note que o objetivo não é que essas pessoas efetivamente façam propaganda para a marca, o raciocínio é o de que esses influenciadores são capazes de pautar conversas e interesses em seu meio e que, provavelmente, aqueles que estão a seu redor farão a mesma coisa.

Outro fator interessante que gera *buzz* e que não recebe tanta atenção é a **satisfação**. Isso mesmo, se uma pessoa está satisfeita com seu produto, há boas chances de ela falar sobre isso com alguém que conhece. O lado ruim disso é que, se o consumidor estiver insatisfeito, ele também pode falar sobre isso com alguém. Garantir que o consumidor consiga facilmente reclamar sobre o assunto diretamente com a empresa reduz bastante as chances de que ele espalhe suas opiniões negativas. Por essa perspectiva, uma boa gestão de produto e de relacionamento são ferramentas importantíssimas para o *buzz marketing*.

Uma ferramenta muito eficaz para gerar *buzz* (entre outros fins) é o marketing de guerrilha, que consiste em criar uma situação capaz de chamar a atenção da comunidade e da imprensa. Uma peça de teatro local com pouco público, por exemplo, poderia incluir uma cena com um ator nu para gerar burburinho sobre o assunto e atrair curiosos para o espetáculo. Muitas notícias sobre empresas provavelmente são tentativas de gerar *buzz*. Com certa regularidade, chegam à imprensa notícias de alguma inovação da Amazon, como o anúncio de que a empresa começaria a fazer entregas com *drones*. De fato, algumas entregas foram realizadas com esses veículos, mas obviamente não se tratava de um sistema logístico eficiente para a tecnologia e a legislação da época. Seria um erro da Amazon? É mais provável que tenha sido uma manobra para criar notícias e associar a marca à inovação e à eficiência em logística.

Algumas estratégias de *buzz* são mais ambiciosas e mais focadas no longo prazo do que essa abordagem mais rápida de tornar a marca o assunto da semana. O autor Georges Chétochine (2006), por exemplo, cita consumidores que se tornam evangelizadores da marca, pessoas que falam sobre a marca em seus círculos de convivência e tentam convencer os outros de sua superioridade. Em alguns casos, as marcas já nascem fortemente associadas a uma causa que comove as pessoas: é o caso da Mecca-Cola, um refrigerante que

> **Uma ferramenta muito eficaz para gerar *buzz* (entre outros fins) é o marketing de guerrilha. Consiste em criar uma situação que chame a atenção da comunidade e da imprensa.**

representa o sentimento antiamericano em algumas regiões no Oriente Médio. Ao consumir esse produto, a pessoa está se opondo ao capitalismo americano da Coca-Cola. Em outros casos, aquilo que motiva e gera identificação deve ser construído. É provável que o consumidor se torne um evangelizador se sua experiência ao conhecer a marca for como uma grande descoberta, geralmente sobre algum produto ou serviço que resolve algum problema inerente àquele nicho de mercado, como as filas demoradas em um supermercado, por exemplo. Ao descobrir um mercado que resolve esse problema, a sensação de que descobriu uma pérola em meio a tanto sofrimento em filas de mercado faz o consumidor compartilhar uma informação que pode ser muito positiva para as pessoas que conhece.

Storytelling

O *storytelling* é outra maneira de superar as limitações da publicidade convencional para criar associações de marca. Em português, *storytelling* significa "ato de contar histórias", o que é bem autoexplicativo.

Qual é o poder de contar histórias e por que isso se tornou algo relevante para profissionais de marketing? Por que os consumidores gostam tanto de histórias? Inúmeros estudos mostram que consumidores preferem anúncios construídos em formato de narrativa, que se envolvem mais e desenvolvem maior intenção de compra após assistir a anúncios nesse formato em comparação a anúncios argumentativos, por exemplo. Uma das explicações é que os consumidores se transportam para dentro das histórias e se sentem parte dela. A partir daí, vivenciam o contexto, emocionam-se e constroem associações como se fossem personagens do enredo. Não parece uma forma bastante eficiente de criar associações?

Outra explicação teórica para a persuasão através de *storytelling* está na forma como construímos nossas memórias e atribuímos significado a elas. Os estudos na neurociência classificam memórias conforme características de registro, resgate e duração, principalmente. Uma das formas mais comuns de memória do ser humano é a episódica, em que atribuímos significado a objetivos como se estivessem em um enredo figurado.

> Eu utilizava essa estratégia intuitivamente para aprender história e geografia no colégio: sempre tentava visualizar os povos e territórios como se fosse um filme acontecendo, assim parecia mais real e era mais fácil lembrar depois. A explicação para *storytelling* de marcas é a mesma!

As marcas podem se favorecer do fato de que os seres humanos têm a capacidade de fixar mais facilmente na memória aquilo que apresenta significado interligado, em rede, como em uma narrativa. Quando a marca se torna personagem de uma história de que o consumidor também faz parte podendo interagir de forma positiva em algumas situações, formam-se associações de memória. Essas associações são benéficas porque ajudam a construir CBBE, geram reconhecimento no ponto de venda e intenção de compra ou de recomendação.

No início da comunicação publicitária, a maior parte dos anúncios era puramente técnica e informativa, tentando

demonstrar como o produto anunciado era diferente e superior
à concorrência. Veja a seguir um anúncio exaltando a eficiência
dos aparelhos fabricados pela Arno.

Figura 3.2 – Anúncio Arno

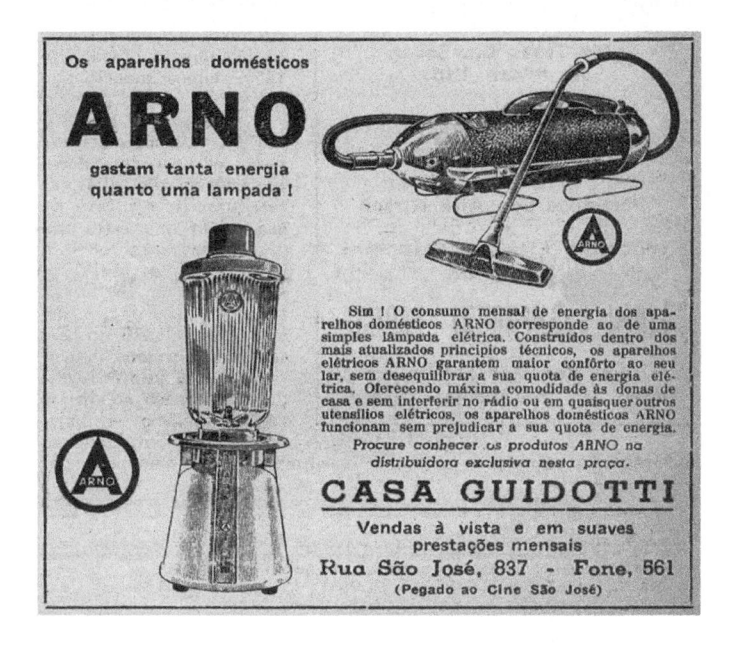

> **Os aparelhos domésticos**
> # ARNO
> gastam tanta energia quanto uma lâmpada!
>
> Sim! O consumo mensal de energia dos aparelhos domésticos ARNO corresponde ao de uma simples lâmpada elétrica. Construidos dentro dos mais atualizados principios técnicos, os aparelhos elétricos ARNO garantem maior confôrto ao seu lar, sem desequilibrar a sua quota de energia elétrica. Oferecendo máxima comodidade às donas de casa e sem interferir no rádio ou em quaisquer outros utensílios elétricos, os aparelhos domésticos ARNO funcionam sem prejudicar a sua quota de energia.
> Procure conhecer os produtos ARNO na distribuidora exclusiva nesta praça.
>
> ## CASA GUIDOTTI
> Vendas à vista e em suaves prestações mensais
> Rua São José, 837 - Fone, 561
> (Pegado ao Cine São José)

A grande dificuldade que esse formato de anúncio enfrenta ao tentar convencer o consumidor é que ele precisa ler com atenção, pensar a respeito e armazenar as informações na memória. Isso requer esforço e, convenhamos, nenhum de nós está frequentemente disposto a se esforçar para pensar sobre produtos que querem nos vender. A primeira mudança observável no sentido do emprego do *storytelling* é que, nesse formato de anúncio, os consumidores não precisam despender grande esforço cognitivo para interpretar (não precisam pensar muito), podem se entregar e sentir as emoções. Como seres humanos, em geral, preferimos nos emocionar a gastar energia em esforço cognitivo.

Outra possibilidade para aproveitar da sensibilidade humana a histórias é a construção de narrativas sobre a origem da organização ou os processos de fabricação. Várias empresas utilizam o *storytelling* para narrar ao consumidor como a empresa iniciou, os desafios pelos quais os fundadores passaram, a origem das receitas e como os processos foram desenvolvidos até aquele momento. Esse apelo nostálgico tem duas funções: aproximar o consumidor por identificação; e reforçar a imagem de que, por serem antigas e já terem superado diversos obstáculos, essas empresas são merecedoras de crédito.

Faça este exercício: imagine uma marca de molho de tomate enlatado que foi criada há um ano em sua cidade; agora, a compare mentalmente com outra que afirma que sua receita veio com imigrantes italianos que chegaram no Brasil há várias décadas em busca de uma vida melhor, trazendo consigo sementes de um tomate italiano especial que sobreviveu até hoje e que é processado de maneira tradicional para virar o molho perfeito para massas e pizzas. Essas marcas parecem diferentes ou não?

Uma ressalva importante precisa ser feita aqui: é fundamental que narrativas nas diversas esferas do negócio e da marca não tentem enganar o mercado consumidor para isso. Existem casos icônicos no Brasil e no mundo em que marcas inventaram histórias para seus consumidores e foram severamente punidas por isso. O Conselho Nacional de Autorregulamentação Publicitária (CONAR) é o órgão que trata dessa e de outras questões no país.

Mentir para o consumidor não é só arriscado, considerando-se que não é tão difícil conseguir informações reais em uma pesquisa na internet. Mentir para o consumidor é demonstrar desrespeito e egoísmo, o que impacta diretamente – e de forma negativa, claro – qualquer medida de valor de marca ou intenção do consumidor. Lembre-se disso!

Design thinking

Já deve ter ficado claro, não só neste capítulo, mas ao longo deste livro e em seus estudos de marketing, que *branding* é mais um processo de gestão e uma forma de pensar do que uma tarefa no cronograma do departamento de marketing. Mas o dia a dia corporativo, com suas rotinas, metas e tarefas, coloca várias armadilhas que levam à substituição desse modo de pensar pelo modelo mental das apresentações de *slides*. Em vez de prestar atenção no mercado e, mais especificamente, nos consumidores e em suas necessidades, buscam-se soluções para desafios do mercado, ataques à concorrência e mudanças de comportamento sem olhar para o mundo real.

Foi daí que surgiu um dos métodos mais em voga no mundo dos negócios atualmente: o *design thinking* – uma metodologia desenvolvida para resolver problemas de *design* que trouxe a solução para a forma de pensar de gestores corporativos. A base do *design thinking* é ser um processo de pensamento baseado e centrado nas pessoas – seja nos usuários do *design*, seja nos consumidores do marketing –, exatamente como devem ser os processos em uma empresa orientada para o mercado.

O processo consiste em seguir quatro passos para gerar inovação: imersão, ideação, prototipação e realização. Algumas fontes acrescentam ou retiram alguns passos, outras dão outros nomes a eles. O que importa, no fim das contas, é manter o foco no consumidor e no mundo real. O *design thinking* é apenas uma maneira de formalizar essa orientação nos processos criativos do negócio. Tendo isso em mente, a seguir pormenorizamos o que se deve fazer em cada passo no contexto de uma inovação em marketing.

A história do isotônico Gatorade ajuda a exemplificar: Ray Graves, técnico de futebol americano da Universidade da Flórida, notou a perda de desempenho de seus atletas no decorrer de um jogo. Eles começavam bem, desempenhando sua função de acordo com seu treinamento, mas, à medida que o jogo avançava, rendiam menos e alguns até passavam mal. Para resolver o problema, o técnico buscou ajuda do laboratório de nefrologia da universidade, encabeçado por Robert Cade. Cade observou os jogadores e realizou exames para entender o que acontecia. Ele notou que, durante as três horas de jogo, alguns atletas chegavam a perder até 8 kg, dos quais cerca de 90% eram água via suor. Era possível notar uma redução de 5% no volume de sangue e 7% no volume de plasma dos jogadores. Muito sódio e potássio, elementos essenciais para o equilíbrio químico do organismo, era perdido com tanto suor.

Ao acompanhar os atletas em campo e buscar a compreensão real do problema, Cade e Graves, provavelmente sem a menor intenção, realizaram a **imersão**, o primeiro passo do *design* *thinking*. É o momento de mergulhar no contexto da questão a ser resolvida e no dia a dia das pessoas envolvidas. Nesse caso, foi o acompanhamento e a coleta de dados dos jogadores durante sua rotina. Em outras situações, pode ser o momento de realizar pesquisas com dados primários e secundários para receber *insights*. É o momento perfeito para sair do escritório e conhecer e compreender a vivência daqueles envolvidos com os resultados do projeto.

Após notar o que estava causando os problemas dos atletas, Cade voltou ao laboratório em busca da solução: uma bebida que fizesse a reposição dos fluidos e dos nutrientes perdidos durante a atividade física. A primeira versão do produto tinha gosto de "limpador de vaso sanitário", de acordo com pessoas que trabalhavam no laboratório. A esposa de Cade sugeriu então que fosse adicionado suco de limão à fórmula para que a mistura fosse mais palatável. Com uma versão de sabor agradável, a bebida começou a ser testada nos jogos do time de calouros da universidade, até que fosse seguro administrá-la para o time principal. No *site* da Universidade da Flórida, é possível ler o relato.

> *Ao fim da primeira metade do jogo, o time adversário estava na frente por 13 pontos a zero. Eles pressionaram o time dos calouros muito bem. No terceiro tempo, os calouros, que haviam recebido a bebida, começaram a pressionar o time adversário. Eles conseguiram dois ou três touchdowns no terceiro tempo e mais cinco ou seis no quarto tempo.* (Kays; Phillips-Han, 2018, tradução nossa)

Citamos há pouco os dois passos seguintes do *design thinking*: ideação e prototipação. Como de costume, os arquivos não relatam as ideias que não deram certo antes do sucesso da criação do Gatorade. No entanto, não é difícil imaginar Robert Cade, em conjunto com todos os outros pesquisadores que trabalhavam em seu laboratório e com a equipe de técnicos da universidade, buscando alternativas para o problema. Talvez alguma preparação dos jogadores? Uma mudança de dieta? Um treinamento mais pesado? Remédios?

A ideação é o momento de levantar o maior número possível de ideias diferentes que resolvam o problema proposto. Nessa etapa, é comum encontrar a recomendação de haver uma equipe multidisciplinar para garantir diferentes pontos de vista e abordagens. As ideias que parecem mais promissoras devem ser prototipadas e experimentadas. É necessário criar modelos capazes de pôr à prova a usabilidade, a viabilidade e a desejabilidade das ideias propostas. Um primeiro protótipo demonstrou que a solução tinha um gosto terrível. Apenas depois de corrigido o problema da primeira versão foi possível ver seu sucesso em um jogo real.

Após o sucesso no primeiro jogo com os calouros, o técnico Graves pediu que fosse preparado um novo lote para o time principal, que jogaria no dia seguinte. Algum tempo depois, Robert Cade negociou o direito de comercialização do produto com uma empresa, o que levou o Gatorade à distribuição nacional nos Estados Unidos. Em 20 anos, o faturamento anual da marca foi de 10 milhões de dólares para 2,2 bilhões. Esses últimos acontecimentos, obviamente (e sem muito segredo sobre o que essa etapa significa), compõem a etapa de **realização** do *design thinking*.

Você deve ter entendido que, como ferramenta, o *design thinking* é um aliado poderoso na construção de BE e CBBE. Desenvolver as melhores estratégias para alavancar o crescimento de uma marca passa por momentos de compreensão do fenômeno, concepção de ideias, teste e aperfeiçoamento e, só então, implementação final. Todos os elementos de gestão da marca serão muito favorecidos se o gestor aplicar a forma de pensar do *design thinking*.

Perguntas & respostas

1. Qual é a principal diferença entre *brand equity* (BE) e *consumer based brand equity* (CBBE)?

Brand equity se refere à perspectiva financeira de valor de marca, pautada em indicadores da empresa e do mercado. *Consumer based brand equity*, por sua vez, diz respeito à perspectiva de valor de marca, levando-se em consideração o consumidor, formado por elementos como lealdade ou lembrança.

2. Como construir *brand equity* (BE) e *consumer based brand equity* (CBBE)?

A lógica estratégica para a criação de valor de marca, seja qual for a perspectiva, é impulsionar os elementos que o constituem. Para o *brand equity* ser incrementado, deve-se focar em indicadores financeiros, como fluxo de caixa futuro descontado. Para o *consumer based brand equity*, é necessário, por exemplo, investir em programas de relacionamento entre consumidor e marca ou em comunicação.

Síntese

» *Brand equity* (BE) é o nome da medida financeira de valor de marca. Define o montante em moeda que a marca representa, é incluído no balanço patrimonial e especialmente importante em processos de fusão ou aquisições.

» *Consumer based brand equity* (CBBE) é o nome da medida comportamental de valor de marca. Representa o valor que o consumidor atribui àquela marca, formado por todos os elementos intangíveis que ela representa e ele significa.

» Para criar *brand equity*, o gestor deve desenvolver ações que incrementem o retorno financeiro das marcas, como ganho de mercado ou promoções de preço.

» Para criar *consumer based brand equity*, o gestor deve focar no consumidor e nos aspectos que ele valoriza, incrementar associações, sentimentos, experiências e quaisquer outras formas de melhorar o relacionamento.

Questões para revisão

1. Ana é uma jovem de 20 anos que mora no interior de São Paulo, mas gostaria mesmo é de morar na praia. O estilo de vida carioca a atrai bastante e Ana adora usar roupas da marca Farm porque a ajudam a se sentir no Rio. Para isso, ela precisa economizar em muitas outras coisas – as roupas não são nada baratas considernando-se seu orçamento –, mas sempre acha que vale a pena fazer alguns sacrifícios.

A descrição apresentada ilustra elementos que ajudam a construir *brand equity* e *consumer based brand equity*. Comente.

2. Você foi contratado para valorar uma marca. Que abordagem adotaria e por quê?

3. É um elemento estratégico capaz de construir valor de marca:
   I. *storytelling*.
   II. *design thinking*.
   III. promoção de venda.
   IV. canal de relacionamento eficiente.

   Estão corretas:
   a. as alternativas I e II.
   b. as alternativas II e IV.
   c. as alternativas I e III.
   d. todas as alternativas.

4. O *buzz marketing* é uma:
   a. forma de comunicação entre a marca e o consumidor.
   b. estratégia utilizada pelas marcas para vender mais produtos.
   c. ferramenta para lançar novos produtos.
   d. estratégia que objetiva gerar comentários boca a boca sobre a marca entre consumidores.

5. Considerando a frase a seguir e sua continuação, assinale a alternativa **incorreta**:

   Brand experience, ou criar experiências de marca, é importante para as marcas porque:

   a. pode incrementar o valor de marca ao entregar mais valor ao consumidor.
   b. experiências geralmente são melhor fixadas na memória do consumidor que situações "rasas".
   c. consumidores envolvidos em experiências de marcas usualmente fazem mais comentários negativos sobre elas após a compra.
   d. planejar experiências de marca é mais que planejar experiências de venda ou ações em ponto de venda.

capítulo 4
consumidor de marcas

Conteúdos do capítulo:
» Consumidor pessoa física.
» Emoções.
» Aprendizagem e memória.
» Marcas na construção do *self*.
» Consumidor pessoa jurídica.

Nesta caminhada pela gestão estratégica de marcas, já abordamos fundamentos de *branding*, arquitetura e construção de valor. Chegou a hora de nos aprofundarmos um pouco mais no personagem central de toda relação de consumo. Sem conhecer as pessoas ou empresas que são o público-alvo das marcas, a tentativa de construir relacionamento certamente não será bem-sucedida. Neste momento, nosso foco será o estudo da relação entre pessoas e marcas (mercado *Business to Consumers* – B2C), porque em mercados organizacionais (*Business to Business* – B2B), quando empresas compram produtos para uso próprio ou revenda, o valor intangível de uma marca tende a ter menos impacto nas decisões de compra, que, em tese, são mais pautadas por atributos tangíveis ou racionais. Usamos as palavras *em tese* porque estamos nos referindo a *pessoas*, que nem sempre tomam decisões unicamente fazendo uso da razão. Vamos começar pelo mercado B2C e, ao final, as relações deste com o B2B estarão mais claras.

Consumidor pessoa física

A *fanpage* da marca Nubank, uma empresa brasileira de serviços financeiros que opera 100% *on-line* e vêm colecionando fãs desde sua fundação em 2013, é repleta de comentários em que consumidores declaram seu amor pela marca e o quanto gostam da proximidade do relacionamento com ela. Por exemplo, houve o comentário de um consumidor que, em um tom de brincadeira, descontraído, pediu a marca em casamento. Outro narra ter acessado o *chat* da empresa pelo celular para pedir dicas sobre como passar de fase em um jogo de *video game*. Vale reforçar: a empresa é praticamente um banco. Você já imaginou correr para um atendente em uma agência bancária e perguntar algo assim? Esse é o tipo de coisa que se pergunta para um amigo, certo? Exatamente. A marca Nubank quer ser vista por seus clientes como um amigo, alguém com quem podem contar para tudo em todos os momentos, não como um banco.

O que a Nubank e diversas outras empresas de sucesso entenderam muito bem é que estão buscando construir relacionamento com pessoas, não com seres pagantes dotados de racionalidade plena e absoluta. Parece óbvio, mas poucas marcas agem dessa maneira. A analogia do relacionamento interpessoal funciona muito bem para o relacionamento entre marca e consumidor, e o bom gestor de marketing deve saber disso.

> Imagine a seguinte situação: você conhece uma pessoa e de cara já rola certa empatia. Você a encontra mais vezes, conhece um pouco mais sobre ela. Depois de fazer e cumprir algumas promessas, constrói-se uma amizade. Você se esforça para

encontrá-la, perdoa pequenos erros e fala bem dela para seus conhecidos porque realmente gosta dela. A vida segue e você é feliz por ter aquela pessoa por perto.

As mesmas nuances devem funcionar para consumidores e marcas, em maior ou menor intensidade e respeitando os diferentes contextos.

Tente se lembrar agora de alguma marca de detergente líquido ou de óleo lubrificante para automóveis. De quantas conseguiu se lembrar? E marcas de chocolate ou sorvete, quantas vêm a sua mente? Existem inúmeras explicações para o fato de a maior parte das pessoas lembrar de mais marcas de chocolate do que de lubrificantes, entre elas a quantidade de vezes em que consumiram o produto, os momentos em que foram expostas a essas marcas além do consumo, a motivação pela qual consumiram, os sentimentos que o processo de desejo/compra/consumo/descarte gerou.

Lembrar-se da marca de um produto significa que ela está armazenada em sua memória associada a ele. Essa lembrança também faz surgir associações com outras categorias de produto, com sentimentos e emoções diferentes, com cheiros e barulhos, com sensações térmicas, com outras pessoas e o sentimento que a presença delas produz e assim consecutivamente. O cérebro humano funciona de maneira interligada: uma lembrança sempre está relacionada a diversas outras. Para entender a motivação dos consumidores – e aprender a otimizar nossas estratégias com base nelas –, precisamos conhecer melhor essa rede complexa e interligada. Comecemos pelas emoções.

Emoções

"Fulano é emocional demais, não sabe tomar boas decisões". Você já deve ter ouvido ou, quem sabe, dito uma frase como essa pelo menos uma vez na vida. Costumamos dizer que devemos tomar decisões racionais, controlando as emoções, as quais atrapalham os pensamentos. Bem, aqui vai uma novidade: as emoções são essenciais para tomar decisões – e daí vem sua importância para o marketing.

Apesar de os humanos gostarem de se sentir criaturas especiais, nossa existência é muito parecida, em termos biológicos, com a de animais mais "primitivos". Como qualquer outro mamífero, somos máquinas orientadas para a sobrevivência e a reprodução. Nossas motivações podem ser muito bem resumidas nesses dois objetivos.

Não por coincidência, a região responsável pelas motivações e emoções humanas é conhecida como *cérebro primitivo*. É a região mais central, o núcleo do cérebro: o sistema límbico. É a partir dele que as duas formas básicas de motivação ocorrem: buscar recompensas e evitar punições. Quando comemos algo altamente calórico, nosso cérebro nos recompensa nos deixando felizes e pedindo mais, por exemplo.

Faz sentido pensar que emoções influenciam decisões de comer ou fazer sexo, certo? E quando tomamos decisões ditas *racionais*?

> Lembrar-se da marca de um produto significa que ela está armazenada na sua memória em uma associação com aquele produto. Essa lembrança também traz associações com outras categorias de produto, com sentimentos e emoções diferentes, com cheiros e barulhos, com sensações térmicas, com outras pessoas e o sentimento que a presença delas produz e assim consecutivamente.

Decisões financeiras ou decisões entre marcas para produtos de alto risco, como automóveis ou imóveis, são menos influenciadas pela emoção? Com certeza não. Para exemplificar a importância e a influência das emoções nesses contextos aparentemente mais racionais, citamos um experimento realizado pelo neurocientista António Damásio (2012).

Damásio tratou alguns pacientes com lesões nas regiões do cérebro responsáveis pela regulação das emoções. Essas pessoas perderam completamente a capacidade de sentir, tornando-se totalmente racionais e lógicas. Quando viam imagens chocantes e violentas que deixariam qualquer pessoa saudável abalada, não demonstravam qualquer reação. Diziam saber que as imagens não eram boas por se lembrarem de ter aprendido isso antes de sofrer a lesão, mas não sentiam nem um esboço do medo ou da repulsa esperados de um ser humano com o cérebro saudável.

Nesse experimento, diversas pessoas – incluindo os pacientes com a região cerebral lesionada – tinham a sua disposição duas pilhas de cartas e eram livres para escolher de qual pilha escolheriam uma carta a cada rodada. Cada carta poderia dar ou retirar uma quantia em dinheiro, sendo o objetivo do jogo (como na vida!) conseguir a maior quantia. A diferença entre as duas pilhas era que a primeira oferecia ganhos modestos e perdas menores, enquanto a segunda oferecia ganhos bem maiores, mas perdas mais violentas, ou seja, a segunda pilha oferecia muito mais risco do que a primeira.

Indivíduos com o cérebro saudável logo notaram o padrão e passaram a evitar a segunda pilha, terminando o jogo com quantias de dinheiro satisfatórias. Já os super-racionais, mesmo quando percebiam o padrão, foram incapazes de balancear sua estratégia e terminaram o jogo com prejuízo. Algumas medidas fisiológicas que indicam nervosismo ou ansiedade foram monitoradas durante o experimento e demonstraram que, ao passo que os indivíduos saudáveis sofriam pela antecipação da recompensa ou da punição da próxima carta (especialmente quando decidiam pela pilha arriscada), as pessoas lesionadas não tinham nenhuma alteração em seu estado mental ou fisiológico. Assim, elas foram capazes de buscar a melhor solução para o jogo de forma racional, mas a falta da resposta emocional as fez cometer erros e sair perdendo.

A tentativa de explicar o que aconteceu constitui a **hipótese do marcador somático**. De acordo com essa hipótese, quando tomamos uma decisão, nosso organismo simula as emoções que podem acontecer de acordo com o que esperamos dos resultados dessa decisão – as pessoas saudáveis se sentem ansiosas antes de puxar a carta da pilha arriscada. Como os pacientes lesionados não eram capazes de antecipar o sentimento desagradável das grandes perdas da segunda pilha, tomaram a decisão que lhes tirava mais dinheiro do que entregava.

Agora, imagine uma pessoa decidindo se compra um carro da Renault ou da Nissan. Se a pessoa tem associações positivas, afeto e confiança em relação à Renault, mesmo que racionalmente veja bons motivos para comprar um vínculo da Nissan, ela deve sentir, assim como as pessoas saudáveis no experimento de Damásio (2012), uma leve ansiedade ao se imaginar comprando o automóvel da Nissan e um leve conforto ao pensar em comprar um da Renault. Essa sutileza do nosso organismo pode ser responsável por definir uma compra de dezenas de milhares de reais. Essa é a importância das emoções para a gestão de marcas.

Como associar a marca a sentimentos positivos e ter esse efeito durante a decisão de compra? Um estudo demonstrou que a simples presença de música agradável durante a exposição de consumidores a uma nova marca de canetas as tornava mais propensos a escolher essa marca em detrimento de outra também desconhecida, apresentada sem música nenhuma. Esse pode ser apontado como um efeito do condicionamento, um fenômeno de aprendizado, o que justifica que a próxima seção seja sobre memória.

> O psicólogo e pesquisador de emoções Paul Ekman desenvolveu um projeto com Dalai Lama que resultou no *Atlas das emoções* (Atlas of Emotions, 2018). O objetivo é que as pessoas conheçam melhor as emoções e, assim, saibam lidar com elas. O *site* é incrível e você pode aprender muito acessando esse conteúdo em: <http://atlasofemotions.org/> .

Aprendizagem e memória

Para começar, é importante você perceber que basicamente todos os passos de uma estratégia de marketing dependem dos mecanismos de funcionamento e dos efeitos da memória humana. Parece exagerado? Então pense sobre quem você é, como se tivesse que explicar para alguém. Se concentre nisso por alguns momentos. Feito? Você provavelmente pensou em algumas decisões que tomou durante sua vida, talvez em algum dia ou acontecimento marcante que definiu algo em sua personalidade, nas coisas que gosta de fazer e em seus planos para o futuro. Foi basicamente um exercício de lembrança. Você é as coisas de que se lembra. Nesse sentido, todos os seus interesses, seus desejos, suas expectativas e suas decisões são consequências diretas de sua memória. E sobre o que são o marketing e as marcas se não sobre interesses, desejos, expectativas e decisões de consumo?

Já ficou clara no capítulo anterior a importância de criar lembrança de marca e associações positivas para aumentar o *brand equity*. Quanto mais associações positivas e mais forte a lembrança de marca, maior a fidelidade e a disposição para pagar do consumidor. O fato de a memória humana ser a grande responsável por esses fenômenos justifica dedicarmos algumas linhas para explicar seus pormenores.

Começando pelo básico, cabe esclarecer: o que costumamos chamar de *memória* é, na verdade, o conjunto de processos neurais que levam à criação de memórias, e não uma entidade ou um local específico no cérebro, como é possível que alguns pensem quando o assunto é esse. Na verdade, existem diversos tipos de processos que geram diferentes tipos de memória. O que há em comum entre eles é que, sempre que falamos sobre *memória* (e estudos sobre esse tema), existem três estágios, cada um com suas particularidades, que compõem seu funcionamento: aquisição, codificação e resgate (também chamado de *lembrança*).

O estágio de **aquisição** ocorre quando vivemos qualquer experiência e recebemos estímulos dos nossos sentidos (tato, visão, olfato etc.) e de nossos pensamentos. Em outras palavras, é o *input*, a entrada de novas informações no sistema, o registro no nosso cérebro.

> **Quanto mais associações positivas e mais forte a lembrança de marca, maior a fidelidade e a disposição para pagar do consumidor.**

No estágio de **codificação**, esses estímulos são, se considerados relevantes (em breve vamos falar sobre os diferentes tipos de memória e seu mecanismo de seleção), traduzidos e armazenados. É especialmente por esse estágio que muitos neurocientistas e demais estudiosos não aprovam a comum comparação da memória humana com a de um computador. Enquanto um arquivo no computador é salvo em sua totalidade em um espaço físico determinado, nossas memórias são fragmentos da realidade. Um dos motivos para isso é que nosso cérebro quebra os estímulos que recebemos e, com um nível maior ou menor de abstração, os armazena. Pense no seu dia de ontem. Você deve recordar o que comeu e em quais locais esteve, mas tente se lembrar de tudo o que ocorreu enquanto você se deslocava de um local para outro: as pessoas que viu e as roupas que usavam, as fachadas dos prédios e os semáforos pelos quais passou... Certamente, nada disso vem à sua mente.

É no estágio da codificação que são criadas as redes associativas, sobre as quais comentamos nos capítulos anteriores. Após a quebra da nova informação em suas abstrações de **formato, utilidade e contexto**, ela é armazenada em associação a outras informações que compartilham as mesmas abstrações, como em uma biblioteca com prateleiras separadas por temas. É como uma rede em que cada pedaço de informação é um ponto conectado a outros de acordo com sua relação de proximidade.

Isso nos leva ao terceiro estágio: a **recuperação** – é a ela que que nos referimos quando dizemos algo como "Nossa, hoje estou ruim de memória". É o acesso às informações armazenadas por meio dos dois passos anteriores. A partir de agora, você pode

> Tenha em mente que não são exclusivamente esses itens que são avaliados pela memória. Eles são apenas os que escolhemos utilizar aqui para exemplificar os processos de codificação.

começar a dizer "Nossa, mesmo que minha memória funcione bem na aquisição e na codificação de informações, a recuperação está um pouco prejudicada".

Durante a recuperação, as redes associativas justificam parte de sua existência, pois a ativação de uma informação leva à ativação das informações associadas a ela. É como uma conversa entre amigos que começam falando sobre o *show* a que assistiram na semana anterior e comentam que os instrumentistas eram muito bons, então se lembram de quando faziam aulas de música juntos no ensino médio, os faz lembrar a professora de matemática que tinha um cabelo bem engraçado e fazer um comentário sobre o cabelo da apresentadora de TV que também está engraçado ultimamente. Em suma, a conversa vai seguindo de assunto em assunto, passando por coisas que vão sendo lembradas no meio da conversa.

É comum encontrar duas classificações para a recuperação em estudos: *recall* e *reconhecimento*. O *recall* é uma lembrança espontânea de alguma informação, como quando perguntam qual é sua marca preferida de sabão em pó. *Reconhecimento* é quando a dica (estímulo à memória) oferecida é a própria informação a ser lembrada, como quando perguntam se você já viu determinado anúncio.

Compreender que a memória é composta por esses três estágios é importante para que o profissional de marketing trabalhe cada ponto de contato com o consumidor da forma correta. É necessário proporcionar situações suficientes de aquisição para que o consumidor tenha conhecimento da marca e seja capaz tanto de reconhecê-la quanto de se lembrar dela espontaneamente. Para que isso ocorra, é recomendado que o estímulo seja apresentado com alguma frequência, mas com intervalos regulares entre eles, já que o excesso de exposição a um estímulo pode fazê-lo ser ignorado ou até mesmo associado a algo negativo e irritante.

Compreender a codificação permite que os estímulos sejam manipulados corretamente para que a marca tenha as associações desejadas. Um comercial emocionante ou humorístico, por exemplo, deve ter o tom de sua mensagem associada à marca, especialmente quando diversos estímulos que reforcem esse tom forem sistematicamente exibidos para o consumidor. Elementos de marca, como nome, embalagem ou cores da identidade visual, devem ser utilizados para garantir que ela seja associada à categoria e ao contexto de consumo em que é útil que os consumidores se lembrem dela ou a reconheçam. Tons fortes de vermelho, por exemplo, são comuns em restaurantes. Tons de azul escuro transmitem confiança. O consumidor reconhece esses padrões e os usa como atalho ao tomar decisões e compreender o ambiente.

Escolher com cuidado os elementos de marca é muito importante tanto por conta da mensagem e das associações que eles podem causar por si só quanto pela facilidade de serem associados a outras coisas. Durante 13 anos, a Coca-Cola patrocinou o *reality show* American Idol e, tanto no canal americano FOX quanto nos vídeos que eram compartilhados do YouTube e no Facebook, os copos na mesa dos jurados e os itens do cenário exibiam o vermelho característico da marca de refrigerantes. Quando as pessoas comentavam na faculdade ou no trabalho sobre o episódio superemocionante da noite anterior, é bem possível que (consciente ou inconscientemente) pensassem na Coca-Cola por mera associação ao programa.

Neste ponto, já deve estar claro que o foco ao trabalhar a memória em gestão de marcas é criar associações que transmitam valor e facilitem a lembrança. Uma das aplicações mais práticas dos conhecimentos sobre a memória para o marketing vem da psicologia comportamental – ramo da psicologia que busca compreender as respostas comportamentais dos indivíduos em relação aos estímulos do ambiente. Muitas das estratégias comuns da publicidade são explicadas pelos fundamentos teóricos da psicologia comportamental, mais especificamente pelos conceitos de condicionamento.

Uma das formas mais poderosas de utilizar esse conhecimento no marketing é associar uma marca à necessidade que ela pode suprir. Se sua marca de sucos estiver condicionada à sensação de sede, por exemplo, a lembrança espontânea da marca ocorrerá sempre que o consumidor sentir sede. Obviamente, esse não é um objetivo tão facilmente alcançável. O condicionamento depende de repetição sistemática, com o estímulo natural ocorrendo antes do estímulo que deve ser condicionado e com uma frequência alta o suficiente para gerar efeito, mas não ao ponto de causar a extinção do condicionamento, já que o excesso de exposição a um estímulo nos deixa "anestesiados" perante ele.

> **Muitas das estratégias comuns da publicidade são explicadas pelos fundamentos teóricos da psicologia comportamental, mais especificamente pelos conceitos de condicionamento.**

> Você pode encontrar mais informações em um vídeo explicativo sobre os estudos de Pavlov, em Condicionamento... (2018).

Confuso? O experimento de **Ivan Pavlov**, o cientista responsável por essa descoberta, vai te fazer entender melhor. Pavlov era um fisiologista e estava estudando as respostas de salivação de cães. Assim como você começa a salivar quando sente o cheiro de churrasco, cães salivam quando estão na expectativa de receber comida. É o mecanismo que descrevemos anteriormente: o organismo prevê que vai receber comida e sua reação é começar o processo de digestão aumentando a produção de saliva. Em seu experimento, toda vez que ele alimentava ou mostrava comida ao cão, ele tocava uma campainha. Após algumas repetições desse processo (comida + campainha), foi possível observar que o cão associou o som ao alimento; assim, sempre que ouvia o barulho, mesmo sem a presença de comida, começava a salivar. Os reflexos tipicamente gerados apenas pela comida foram condicionados a ocorrer também ao som da campainha.

Outra característica importante do condicionamento é a generalização de estímulos. Como nossas memórias são mais abstratas do que exatas, um estímulo semelhante, mas não idêntico ao estímulo condicionado, tende a gerar a mesma resposta condicionada. Embalagens com *designs* característicos são uma ferramenta importante para criar valor, associações marcantes e condicionamento de estímulos. Mas uma embalagem semelhante tem a capacidade de se aproveitar disso e "sequestrar" as associações para si. Nos casos em que os consumidores experimentam a imitação e percebem um desempenho parecido com a marca original, a tendência é que sua avaliação da marca original seja ferida.

Ainda, quando falamos sobre consumidores que se lembram ou se esquecem de estímulos, precisamos falar das divisões da memória em relação a sua duração. Nesse sentido, existem três tipos de memória, cada uma mais duradoura do que a anterior.

O primeiro deles é a **memória sensorial**. É a mais frágil e dura apenas o tempo em que o estímulo é diretamente detectado por algum dos sentidos. É o caso das roupas de todas aquelas pessoas que você encontrou ontem: mesmo se perguntassem sobre elas poucos minutos depois de tê-las visto, você já não se lembraria delas.

O segundo tipo é a **memória de curto prazo**, que pode demorar de alguns minutos a algumas horas para de ser extinta. Esse tipo de memória tem capacidade limitada. Acredita-se que somos capazes de manter simultaneamente no máximo nove estímulos na memória de curto prazo.

O terceiro tipo é a **memória de longo prazo**. São informações que podem ficar armazenadas pela vida toda. É nas memórias de longo prazo que ocorre o processo descrito de aquisição, codificação e lembrança.

O que torna uma informação uma memória de longo prazo sem que se perca no limbo do curto prazo? Diversos fatores podem influenciar essa transição – um dos mais importantes para o marketing é o valor emocional do estímulo. Eventos e conceitos relacionados a fortes emoções tendem a ser consolidados como memórias de longo prazo. Repetição, associações com outras memórias de longo prazo e a atribuição de significado também aumentam as chances.

Marcas na construção do *self*

O *self* no título desta seção quer dizer *eu*, no sentido da essência do ser de cada um. É possível distinguir três facetas diferentes que compõem nossa percepção do *self*, e a interação entre eles define diversos aspectos da nossa personalidade, como a autoestima e a autoconsciência.

Você é quem gostaria de ser ou como gostaria que as pessoas o percebessem? Provavelmente, para alguns pontos da sua vida você diria que sim, já para outros estaria mais inseguro quanto à resposta.

O **eu real**, a primeira faceta do *self*, é uma visão de como acreditamos ser. Obviamente essa é uma visão subjetiva e completamente passível de distorções, mas se chama *real* por representar o que acreditamos ser a realidade – e em comportamento do consumidor, as percepções são quase sempre mais importantes do que a realidade. A segunda faceta do *self* é o **eu ideal**. Como o nome sugere, é uma idealização de quem gostaríamos de ser. Se o marketing trabalha explorando necessidades e desejos dos consumidores, você consegue perceber onde as marcas se encaixam entre o eu real e o eu ideal de um indivíduo?

A lacuna entre o *quem eu sou* e o *quem eu gostaria de ser* é uma motivação poderosa para tomar ação. Determinada marca pode ser o elemento que ajuda o consumidor a parecer mais legal, a se sentir mais inteligente, a aprender coisas novas ou a explorar o mundo. Pode dar confiança ou prestígio, ajudar a construir certa imagem ou comunicar valores. Produtos e marcas são símbolos poderosos para construir personalidade.

É comum, quando somos novatos em um novo emprego, faculdade ou qualquer outro contexto social, sofrermos mudanças em nossa autopercepção. A terceira faceta do *self* é o **eu refletido**, a forma como imaginamos que somos percebidos pelas outras pessoas. Consciente ou inconscientemente, estamos sempre tentando manipular como somos percebidos, tentando aproximar o eu real e o eu refletido do eu ideal.

Se parece estranho aceitar que fazemos isso do ponto de vista de quem constrói uma identidade, pense em como criamos impressões sobre alguém que acabamos de conhecer. Sem ter tido a oportunidade de conversar mais profundamente com a pessoa, prestamos atenção às pistas que temos para descobrir mais sobre seu estilo e personalidade. Suas roupas são mais formais ou mais casuais? São da Zara ou da Riachuelo? O carro que ela dirige é um Jeep ou um Voyage? Seu *smartphone* é Apple ou Samsung? Depois de mais algumas conversas, podemos saber de outros tipos de consumo que também dão uma ideia melhor de quem é a pessoa: seus restaurantes favoritos, onde gosta de gastar dinheiro no fim de semana etc.

> **Produtos e marcas são símbolos poderosos para construir personalidade.**

Esse é mais um motivo importante para cuidar com carinho das associações de marca e manter sempre o foco no consumidor, na segmentação eficiente e no posicionamento da marca. Um garoto ao fim da adolescência provavelmente vai buscar produtos que afirmam sua masculinidade, como bebidas, carros e roupas específicas. Futuramente, ao sair da casa dos pais e buscar independência, deve preferir marcas que carregam significados como maturidade e responsabilidade (inclusive para as entrevistas de emprego).

É importante notar que nem sempre o foco do gestor de marketing deve ser fortalecer o eu ideal do consumidor. Alguns estudos apontam que, apesar de a compra de produtos com mais relevância social (carros, roupas, perfumes etc.) depender mais do eu ideal, para produtos mais funcionais o que fala mais alto é o eu real. Na verdade, essa distinção pode ocorrer inclusive para um mesmo produto utilizado em situações diferentes – ou você escolhe as roupas de festa como escolhe as roupas que usa no trabalho?

Outra ressalva referente à forma como um gestor deve explorar esse *gap* entre o real e o ideal é que o apelo à simbologia oferecida pela marca é mais forte quando a diferença percebida entre a realidade e a idealização é grande. Nesses casos, o consumidor mais inseguro deve estar mais disposto a investir em itens que reforcem a imagem que gostaria de ter. Quando o real é próximo do ideal, essa necessidade é reduzida.

Para adicionar uma pitada de complexidade, mas também mais uma oportunidade a ser explorada: Já pensou em quantos *eus* ideais uma única pessoa pode ter? Pense na quantidade de papéis sociais que um só indivíduo pode desempenhar. João é pai em casa, aluno na pós-graduação, chefe em seu trabalho, consultor de seus clientes e assim por diante. Cada uma das identidades que João desempenha exige dele um conjunto diferente de qualidades e características, ou seja, um eu ideal diferente.

O principal cuidado que um profissional de marketing deve ter é saber que cada uma das identidades é mais relevante em determinado contexto e que estímulos de marketing alinhados com o contexto do consumidor o tornam mais sensível ao apelo da marca.

Consumidor pessoa jurídica

E como pensar no consumidor quando se está fazendo *branding* B2B? Toda essa história sobre o funcionamento da memória e das emoções deixa de fazer sentido? Afinal de contas, empresas não têm memórias e emoções, não é mesmo? De fato, não. Entretanto, a pessoa do departamento de compras que avalia seus serviços e produtos tem. Justamente por isso, muito do que foi dito sobre o funcionamento da mente humana continua sendo útil.

Quais seriam, então, as diferenças? Normalmente, nas negociações entre empresas, o comprador é um grupo de pessoas, não um indivíduo ou uma organização. Nesse sentido, os mesmos conhecimentos que você adquiriu sobre como associações de marca positivas são importantes se aplicam aqui, mas com o foco em algumas pessoas da organização que desempenham os papéis mais importantes na decisão de compra.

Provavelmente, você já viu em seus estudos de comportamento do consumidor algo sobre os possíveis papéis que alguém pode exercer em uma decisão de compra. Façamos uma breve revisão, com base em Solomon (2011), com foco no processo de compras organizacionais:

Iniciador – Talvez um dos engenheiros do departamento de pesquisa e desenvolvimento ou alguém das finanças, é quem cria a demanda por uma compra.
Guardião – Recebe a demanda e busca informações sobre os fornecedores capazes de supri-la.
Influenciador – Qualquer pessoa com poder para dar alguma opinião sobre o assunto e ser ouvida.
Comprador – A pessoa que de fato toma a decisão e realiza a compra.
Usuário – Quem usufrui da compra realizada.

É possível que alguns agentes desempenhem mais de um papel ao mesmo tempo. Em toda essa cadeia de decisão, do ponto de vista da gestão de marcas, é essencial identificar os influenciadores e compradores e garantir que eles conheçam a marca e tenham uma opinião positiva sobre ela. Naturalmente, as associações que devem ser construídas são o principal ponto de diferença em relação ao consumidor pessoa física. Enquanto a intangibilidade reina no mercado B2C, no B2B associações relacionadas a qualidade do produto, competência dos funcionários, cuidado com prazos e outras características técnicas se destacam.

Uma peculiaridade importante desse mercado é o **risco envolvido**. É comum que as transações entre empresas ultrapassem as centenas de milhares de reais ou até mesmo a casa dos milhões. É nesse ponto que as emoções se tornam relevantes, já que um erro de julgamento de um comprador pode custar prejuízos consideráveis tanto para a empresa quanto para sua própria reputação profissional. Nesse sentido, vale considerar o que a compra significa para o indivíduo responsável por ela. O significado primário e mais óbvio é sanar uma necessidade econômica da organização em que trabalha. O significado oculto é o sucesso pessoal de **conseguir recompensas** ou **evitar punições** em razão de seu desempenho. Punições e recompensas... já ouvimos sobre isso antes, não?

Além de considerar as pessoas envolvidas na compra, é importante levar em conta que as operações em uma empresa são sistematizadas. Para um gestor de marcas, isso significa que a força da marca será importante nos primeiros contatos com o comprador, mas a gestão do relacionamento deve se sobressair à medida que a compra vira rotina. Nesse sentido, podemos identificar três tipos de compra.

O mais complexo e o mais sensível à marca é a **nova tarefa**. É quando uma empresa está adquirindo um produto ou serviço pela primeira vez, seja em decorrência de uma necessidade pontual, seja relacionada a alguma inovação na cadeia produtiva. Como é a primeira compra, não há nenhum histórico ou relacionamento com fornecedores. A coleta de informações e o número de pessoas envolvidas tende a aumentar de acordo com o risco da nova aquisição. Levando em conta tudo o que já explicamos sobre a mente humana e o risco do responsável pela compra organizacional, é óbvio que uma marca que transmita confiança deve levar vantagens em situações como essa.

Pense no processo de tomada de decisão de compra. Após notar uma necessidade, o consumidor deve pensar em soluções/

produtos. Não é diferente para o comprador organizacional, e o conhecimento de marca é essencial nessa etapa, especialmente se for proeminente o suficiente para que a lembrança do comprador se dê espontaneamente.

Nas etapas seguintes, as associações de marca também são importantes, já que o comprador deve buscar contato com os fornecedores que parecem mais interessantes para sanar o problema, avaliar as propostas e, finalmente, tomar uma decisão. É uma situação muito parecida com a escolha entre as duas pilhas de cartas no experimento de Damásio (2012).

Quando a empresa já passou por esse processo e foi escolhida como fornecedor regular, a tendência é que a experiência de compra passe a ser uma **recompra simples**. Nesses casos, não há de fato um processo de decisão de compra, apenas a compra em si, porque todas as decisões importantes foram tomadas no início do processo. Do ponto de vista do *branding*, esse é o momento de fortalecer a percepção que a empresa compradora tem da marca para evitar investidas de concorrentes que podem tentar atacar e fazer a empresa mudar de fornecedor.

Essa blindagem de *branding* é especialmente importante nos casos em que ocorre o terceiro tipo de compra, a **recompra modificada**. Em vez de simplesmente repetir pedidos como na recompra simples, na recompra modificada, o comprador requer alterações em especificações técnicas, prazos, pagamentos ou outros fatores. Embora o processo de decisão seja bastante simplificado em comparação ao de uma nova compra, há reconsideração das decisões tomadas anteriormente e as associações da marca voltam a ser importantes.

Imagine que você é o comprador e, após anos fazendo negócios com uma empresa que considera confiável e competente, precisa fazer algumas modificações em suas compras. Outro fornecedor se aproveita do momento de mudança e faz uma proposta com certas vantagens em relação à empresa parceira. Você deve pensar um pouco antes de decidir mudar o fornecedor e arriscar o processo que já foi instalado com o primeiro parceiro, mesmo que isso signifique abrir mão de algumas vantagens. Agora imagine a mesma situação com uma empresa parceira que não é tão confiável e não teve tanto cuidado na construção de sua percepção. Ainda que a proposta do novo fornecedor seja menos vantajosa do que a atual, as chances de você negociar com a nova empresa são bem grandes.

Perguntas & respostas

1. Por que precisamos estudar o consumidor para criar estratégias de *branding* eficientes?

Toda estratégia deve ser orientada para, além de gerar valor para a empresa, gerar valor para o consumidor. Nesse sentido, é vital conhecer a fundo esse ator do processo – não apenas em seus aspectos sociodemográficos, mas também psicográficos e neurobiológicos – para que se possam otimizar as ações que entregam valor.

2. Como marcas podem ser utilizadas para a construção do *self* do consumidor?

Em todos os papéis que podem assumir, em sua visão própria ou social do *self*, os consumidores se apossam da simbologia de marcas para construir suas *personas*. Os elementos intangíveis que marcas entregam são apropriados pelo consumidor para formar seus ideais – próprios ou para terceiros.

Síntese

» Consumidores são, na condição de seres humanos, guiados por emoções. As decisões de compra são, em boa parte, regidas por busca de prazer ou aversão a riscos.

» Aprendizagem e memória são os fundamentos da construção de associações entre marcas e outros conceitos. Gestores de *branding* devem mapear quais associações desejam criar e fomentá-las de maneira que se tornem vantagens competitivas.

» Aquisição, codificação e resgate são as três etapas da construção de memória – o profissional de marketing pode atuar em todas elas incentivando a formação de associações.

» Marcas podem ser utilizadas por consumidores na construção de seus conceitos de *self* – eu real, eu ideal e eu refletido –, que podem mudar de acordo com cada um dos muitos papéis sociais que desempenham.

» No contexto B2B, em que os consumidores são empresas, os elementos de emoção e memória podem ser menos presentes, em especial porque se trata de diferentes pessoas exercendo os papéis no processo de compra, mas ainda são bastante influentes. Não existe racionalidade total nas decisões de consumo.

Questões para revisão

1. Como construir lembranças de marca?

2. Os gestores de marca devem analisar seus consumidores sob a perspectiva de que são seres racionais. Essa proposição está correta?

3. Assinale a alternativa correta sobre o consumidor pessoa física:
    a. Boa parte das decisões de compra são tomadas apenas depois de análise profunda sobre os prós e os contras da marca.
    b. A maior parte dos consumidores não se relaciona profundamente com marcas em especial, apenas superficialmente.
    c. As decisões de consumo seguem padrões com racionalidade limitada, o que significa dizer que há influência de diversos outros elementos além da racionalidade.
    d. A etapa de codificação da memória é a que mais influencia a decisão de compra.

4. Assinale a alternativa correta sobre o consumidor pessoa jurídica:
   a. Decisões de compra organizacional não sofrem influência de elementos como emoções ou memória.
   b. No processo de compra organizacional, diferentes pessoas podem exercer diferentes papéis na tomada de decisão.
   c. O formato de compra organizacional mais complexo e mais influenciado por marcas é a recompra modificada.
   d. *Iniciador* é o nome que se dá ao sujeito/papel do tomador de decisão organizacional.

5. Sobre a teoria do marcador somático, é correto afirmar:
   a. O organismo humano simula as emoções que podem acontecer de acordo com o que se espera dos resultados e antecipa os efeitos.
   b. A cada nova emoção, marcas cerebrais são criadas para que o consumidor saiba que decisões tomar no futuro.
   c. Diferentes substâncias são liberadas a cada nova decisão de compra que envolve emoções.
   d. A decisão de compra é o resultado exclusivo da soma de aspectos tangíveis positivos apresentados pelo produto.

capítulo 5
comunica-
ção de marcas

Conteúdos do capítulo:

» Semiótica.

» Identidade visual.

» Embalagem e rotulagem.

» Promoções integradas de marcas.

» *Digital branding.*

Semiótica

Nos capítulos anteriores, explicamos que a essência de uma marca forte são as associações construídas e descrevemos como nossa memória funciona para criar essas associações. No sentido prático e na comunicação de marketing, como isso se demonstra? Observe a imagem a seguir.

Figura 5.1 – Nike

rvlsoft/Shutterstock

O que esse símbolo representa? É apenas um rabisco desprovido de significado? É algo com significado unicamente subjetivo e que depende da interpretação pessoal de cada um? Não. Significa "Nike". Representa uma empresa de 91 bilhões de dólares. Indica um estilo de vida ao redor da prática esportiva, a quebra de barreiras e a busca da grandiosidade por pessoas comuns.

Esse é o poder do **signo**. Vemos a imagem e percebemos todo esse conjunto de significados que não está presente diretamente senão pela simbologia. O campo de estudos que compreende a teoria geral dos signos é chamado de *semiótica*, sendo importante conhecer seus fundamentos para fazer gestão da comunicação de marketing.

Para começar, devemos estabelecer que signos não são apenas visuais como o logo da Nike. *Signo* é qualquer estímulo que percebemos por meio dos sentidos e que representa mais do que o próprio estímulo em si. Confuso? Imagine um som – uma sequência de notas. Se você nunca ouviu essa sequência de notas e a escuta pela primeira vez, ela é apenas uma sequência de notas. Pode causar alguma sensação em você, ser agradável ou desagradável, ter volume alto ou baixo, ser longa ou curta, mas seu significado se resume a *uma sequência de notas*. Se você ouviu esse som todas as vezes que ligou a televisão da Samsung que está em sua sala há três anos, no entanto, essa mesma sequência de notas

> **Esse é o poder do signo. Vemos a imagem e percebemos toda essa bagagem de significados que não está presente diretamente senão pela simbologia. O campo de estudos que compreende a teoria geral dos signos é chamado de** semiótica**, sendo importante conhecer seus fundamentos para fazer gestão da comunicação de marketing.**

significa "Samsung", significa "horário de lazer", "tecnologia", "casa" etc.

Charles Sanders Peirce (1991), um dos nomes mais importantes da semiótica, define *signo* como tudo aquilo que significa algo para alguém. Sim, realmente parece uma frase muito simples, mas vale analisá-la por partes. "Aquilo que significa algo" indica, como mencionamos anteriormente, coisas que carregam mais significado do que o sinal em si. A novidade que você certamente notou é o "para alguém". Isso sugere que a compreensão do significado do signo depende do contexto e da percepção de quem o recebe. A sequência de notas musicais tocadas ao ligar a TV só significa algo para quem teve alguma experiência com ela ou para quem a ouve em determinado contexto.

A frase simples, na verdade, define a tríade semiótica, os três elementos que interagem para gerar o fenômeno descrito no parágrafo anterior: **o significante, o objeto e o significado**. O **significante** é o que percebemos com nossos sentidos e todas as suas características. A primeira figura exibida neste capítulo é uma linha grossa e preta, inclinada para a esquerda e com uma das pontas em curva. O **objeto** é o que o significante representa, uma imagem mental não linguística, uma coisa (Santaella, 2002). Nesse caso, a coisa é Nike. O **significado** é como esse objeto é interpretado por quem o percebe. É a empresa de 91 bilhões de dólares, o estilo de vida esportivo e tudo o que já descrevemos no início do capítulo. Para quem conhece um pouco de mitologia grega e sabe que Nike é o nome da deusa da vitória, esse símbolo também é uma referência às asas da deusa. É possível traçar um paralelo entre o papel da deusa de voar, em sua carruagem

> A terminologia varia entre algumas fontes, e a escolhida para este capítulo visa a simplicidade. Você pode encontrar materiais mais aprofundados pesquisando sobre "representante, objeto e interpretante" ou "semiótica triádica de Peirce".

sobre os campos de batalha conduzindo os vitoriosos à glória, e o papel da empresa, de conduzir os praticantes de esporte à vitória e à superação. O desenho em si dá a impressão de velocidade e movimento pelo seu formato alongado com o traçado se estreitando da esquerda para a direita. Além disso, seu formato lembra o símbolo ✓, utilizado para demonstrar sucesso, completude ou *sim*.

A dependência do contexto e da interpretação do receptor também é um ponto importante para o marketing quando consideramos que um significante pode ter vários significados ou que vários objetos podem indicar um único significado. Observe a Figura 5.2.

Figura 5.2 – Objeto "bicicleta"

Ljupco Smokovski; monkographic/Shutterstock

Na figura, há significantes completamente diferentes. O primeiro é a foto de um objeto real, o segundo é um desenho detalhado, e o terceiro é um desenho minimalista, feito sem tirar o lápis do papel. Mesmo assim, percebemos todos como referências ao mesmo objeto e significado: *bicicleta*, um utensílio de lazer e transporte baseado na transferência de movimento do corpo humano para suas rodas.

Aonde queremos chegar ao dizer que isso é importante para o marketing? Nenhuma marca é composta por apenas um elemento de marca (signo). Compreender essa dinâmica de simbologias é muito importante para o gestor de marcas que desenha e gerencia a experiência e a percepção do consumidor. Lencastre e Côrte-Real (2007) apontam três níveis de signos que compõem o *mix* de identidade de uma marca: identidade central, identidade efetiva e identidade ampliada.

Identidade central é o nome da marca, o significante mais básico para se referir à marca, à empresa e a seus produtos. **Identidade efetiva** é "a expressão ou as expressões gráficas, registradas ou registráveis, do nome da marca, nomeadamente a sua ou suas ortografias, e o seu ou seus logotipos" (Lencastre; Côrte-Real, 2007, p. 106). É a forma como a marca costuma ser exposta ao consumidor. Com exceção de obras como esta ou algumas reportagens, não é tão comum termos contato com marcas pela simples grafia do seu nome. O que transmite com mais força o significado e as associações que você faz com a Coca-Cola?

Figura 5.3 – Coca-Cola

Rose Carson/Shutterstock

O *lettering* ondulado com os traços alongados dos *Cs* e o vermelho marcante compõem o signo que nos remete à marca.

Por último, a **identidade ampliada** compreende qualquer outro tipo de estímulo que compõe a identidade da marca. São *slogans*, *jingles*, personagens e embalagens, por exemplo. O gestor de marcas tem de estar ciente desses três níveis de identidade e dos diversos signos que fazem parte de cada um e que interagem para formar a identidade da marca a fim de definir qual será seu significado para o consumidor que os interpretar.

Identidade visual

Agora que você já conhece o poder dos signos e entende que cada elemento da marca é um signo que deve ser pensado de acordo com as associações que se busca evocar e que elemento de marca é tudo aquilo que caracteriza a marca, como nome, logotipo, *slogan*, cores e identidade visual, cabe mencionarmos algumas diretrizes básicas que um elemento de marca deve satisfazer. Se você leu com atenção e compreendeu os princípios de *branding* que já abordamos no decorrer do livro, reconhecerá nessas diretrizes muito do que expusemos e compreenderá os motivos de termos citado cada um desses aspectos, do funcionamento da mente humana até a diferenciação da concorrência.

Memorabilidade

Já sabemos que o objetivo primário de se atribuir uma marca a alguma coisa é diferenciá-la dentre todas as opções que existem. Obviamente não basta que um consumidor, ao enxergar uma prateleira com sete opções diferentes de achocolatado, perceba que cada um deles foi fabricado por uma empresa diferente. É esperado que ele reconheça pelo menos algumas das marcas e as julgue de acordo com o que conhece sobre elas: suas experiências anteriores com o produto, algo que um colega de trabalho disse sobre o produto ou uma informação que viu em um anúncio que passou durante a novela na noite anterior, por exemplo. Para isso acontecer, o consumidor precisa se lembrar da marca.

Por isso, elementos memoráveis e fáceis de se lembrar são muito importantes para construir uma marca forte. Um produto que tenha sido introduzido há pouco tempo no mercado, por exemplo, maximiza seus esforços de comunicação quando um consumidor o reconhece facilmente na prateleira, mesmo o tendo visto poucas vezes em campanhas publicitárias. Se a marca for genérica demais ou tiver um nome pouco marcante, precisará de muitos contatos para alcançar o mesmo reconhecimento.

> **Elementos memoráveis e fáceis de se lembrar são muito importantes para construir uma marca forte.**

Significância

A marca escolhida para o produto que a empresa está comercializando atribui algum significado ao produto? Além de informações prévias que o consumidor tenha, seus elementos podem por si só transmitir alguma informação. Em um nível mais básico e abstrato, é possível apontar como exemplo as cores em produtos alimentícios. Combinações de cores vibrantes, no Brasil, costumam indicar doces e produtos infantis, enquanto cores mais neutras e monocromáticas costumeiramente estampem algum produto com atributos ligados a cuidados com a saúde (como produtos *diet* e integrais).

De forma mais direta, o nome da marca pode indicar algum benefício que o produto oferece. É o caso do dilatador nasal Respire Melhor. O produto consiste em uma espécie de fita adesiva, normalmente utilizada ao dormir, para auxiliar pessoas com problemas de respiração, como apneia ou ronco, ou para auxiliar na respiração durante a prática de atividades físicas. É notável como o nome do produto traduz direta e claramente sua proposta de valor para o consumidor.

Atratividade

De forma bastante simples: As pessoas gostam dos elementos de marca escolhidos? Que adjetivos podem ser atribuídos à marca? Divertido, bonito, atraente? Ou talvez sem graça, estranho, desajeitado?

A atratividade, ainda que contribua direta ou indiretamente para outros critérios de escolha de marca, pode ser considerada de forma independente, tanto em relação aos outros fatores quanto em relação à própria marca ou ao serviço. Os elementos escolhidos devem ser bem aceitos pelo público por si só de forma consistente. É importante lembrar que esse não é o único elemento, apesar de diversos gestores tomarem decisões levando em consideração apenas a atratividade estética.

Transferibilidade

Esse fundamento é especialmente importante quando pensamos em estratégias de *branding* e arquitetura de marca. O nome e demais elementos escolhidos são transferíveis para outros produtos que futuramente podem entrar no portfólio da empresa?

É comum encontrarmos grandes empresas, especialmente as mais antigas, que já mudaram ou expandiram seu ramo de negócios. É o caso da Nintendo, uma das principais fabricantes de consoles de *video game* e desenvolvedora de jogos eletrônicos atualmente. A Nintendo é uma empresa centenária e começou seus negócios no Japão em 1889, fabricando e vendendo jogos de cartas. Se a empresa tivesse um nome que se referisse de forma direta ao produto original, em algum momento teria de rever sua estratégia de *branding*, colocando em risco vários anos de trabalho de construção de marca ao ter que trocar de nome.

Outra dimensão desse fator é a **transferibilidade geográfica**. Como os elementos escolhidos se adaptam a culturas diferentes? Keller e Machado (2006) citam o exemplo da Pepsi e de seu *slogan* "Pepsi brings you back to life" ("Pepsi te dá vida nova"), que, ao ser traduzido para o chinês, passou a significar "Pepsi traz seus ancestrais de volta do túmulo".

Adaptabilidade

Quão flexíveis são os elementos escolhidos? É inevitável que a marca evolua e mude com o tempo, afinal, o cenário em que a empresa está inserida – a cultura, os valores e os consumidores – invariavelmente sofrerá mudanças. Ter uma marca que permita mudanças quando necessário é importante para que o *branding* não sofra quando uma adaptação for necessária.

Proteção

O último critério já foi explorado no primeiro capítulo: É possível registrar e proteger legalmente os elementos de marca escolhidos? Além do sentido de proteção legal, é necessário pensar em proteção competitiva. Algumas manobras da concorrência podem copiar alguns atributos da marca sem que isso fira as proteções legais. Quão exclusivos e protegidos são os elementos da marca?

Embalagem e rotulagem

Enquanto alguns podem pensar em embalagens como meros utensílios para proteger e transportar o bem comprado, espera-se que um gestor de marcas reconheça sua importância para a transmissão de valor ao consumidor. Uma boa embalagem é capaz de ter efeitos nas vendas de um produto semelhantes aos de uma campanha de comunicação.

Você deve se lembrar de algum produto que chamou sua atenção no ponto de venda e que você nunca tinha visto antes. Foi o que aconteceu comigo quando passava por uma geladeira em um mercado e vi uma caixinha do suco de tangerina da do bem™. A cor chamativa, o *design* limpo e uma ilustração simpática me fizeram dar alguns passos pra trás para conferir o que era o produto. Na parte de trás da caixa, havia um texto explicando que se tratava de um suco 100% integral, uma inovação no mercado de sucos em caixinha, e relatando a origem da empresa – (você se lembra do Capítulo 3, quando falamos sobre *storytelling*?) Resolvi experimentar o suco. Gostei e comentei com amigos sobre essa marca tão simpática que nunca tinha visto e que foi uma paixão à primeira vista.

Figura 5.4 – Embalagens de suco do bem™

Apenas vários meses depois eu vi algum material de comunicação da empresa. Um comercial institucional com cara de quem estava introduzindo a marca para novos consumidores. A essa altura, eu já a conhecia muito bem. A embalagem fez todo o trabalho de me apresentar a marca e criar associações positivas.

Pode parecer óbvio que a embalagem é um meio de comunicação muito forte, já que tem contato direto com o consumidor e está posicionada "na cara do gol", mas às vezes gestores de marketing não a valorizam tanto quanto deveriam.

Embora o processo de construção de lembranças e de *brand equity* comece muito antes, é no ponto de venda que as decisões são de fato tomadas. Compras por impulso ou mudanças no comportamento de um comprador que está com sua fidelidade abalada são exemplos de momentos em que uma embalagem bem desenhada é bastante sensível para o negócio.

Outro trunfo das embalagens que não pode ser ignorado é que elas vão para a casa do consumidor. Sempre que alguém abre sua geladeira, vê lá dentro diversas marcas. Uma embalagem bem planejada pode funcionar como uma inserção publicitária na geladeira (ou em outras partes da casa) do consumidor. Não parece um sonho publicitário distópico?

Embalagens podem ser vantagens competitivas que agregam valor ao produto. Em alguns casos, inclusive, a maior vantagem competitiva. Veja o simpático saleiro na figura a seguir.

Figura 5.5 – Embalagem de sal da marca Cisne

Refinaria Nacional de Sal S.A.

Sem dúvida, essa embalagem é muito mais bonita do que o pacotinho plástico tradicional. Isso torna o produto muito mais lucrativo, já que agrega valor. Assim, em muitos casos, o consumidor entende que é vantajoso pagar mais por um produto justamente por causa de sua apresentação.

A embalagem é um ponto do processo de marketing em que dois dos **quatro Ps** ficam muito próximos: produto e promoção. Por isso, características funcionais da embalagem também merecem atenção. O óbvio, mas que não pode deixar de ser mencionado, é que a função básica das embalagens continua sendo preservar, conter e transportar o produto. Se falha em qualquer desses pontos, mesmo que seja realmente maravilhosa e chamativa, a embalagem falha completamente e haverá problemas para a empresa. Com as funções básicas garantidas, algumas inovações na usabilidade são capazes de afetar diretamente o desempenho do produto.

Pense na primeira marca que colocou a tampa de um condicionador no fundo da embalagem e não no topo, como é comum em *shampoos*. O condicionador tem uma consistência muito mais viscosa e, por isso, a tampa posicionada na base do frasco garante que a gravidade ajude o produto a sair da embalagem, em vez de mantê-lo preso no fundo quando a tampa está em cima. Para o consumidor, isso significa economia, já que reduz o desperdício de produto que seria jogado fora com a embalagem porque tirá-lo de lá exigiria esforço demais. A adição de um lacre na lata de leite condensado significa praticidade, pois dispensa o uso de uma ferramenta específica para abri-la. Uma superfície adesiva no invólucro da barra de chocolate significa comodidade para o

---

Os quatro *Ps*, ou composto de marketing, representam os quatro elementos básicos de uma estratégia de marketing: produto, preço, praça e promoção.

consumidor, que pode abrir e fechar a embalagem, mantendo o produto conservado por mais tempo.

E quando mais um P, o de "praça", entra na história, acrescenta-se outro papel da embalagem para criar valor: variedades de tamanho e quantidade. Em alguns casos, isso pode significar apenas a comodidade para o consumidor, como ocorre com a Coca-Cola 2ℓ no mercado e a latinha no restaurante. O consumidor escolhe qual é a porção que mais lhe convém no momento. Em outras situações, isso pode ser utilizado para reforçar o contexto de consumo para a qual a marca foi desenhada e, desse modo, criar as associações desejadas. A Skol Beats foi a solução da Ambev para vender seus produtos em baladas. É uma bebida feita especificamente para ser consumida em festas: tem cores fortes, a garrafa tem o formato de um S e seu rótulo brilha sob a luz negra. Por isso, não está disponível no formato "litrão" para comprar no mercado ou pedir em um bar e dividir com os amigos. A Skol Beats só é comercializada como lata ou como *long neck*, porções individuais para pedir no balcão da balada.

Existem regulamentações técnicas no Brasil sobre quais informações devem constar e quais são os formatos ideais de embalagens, conforme a categoria do produto. Diversos produtos químicos que possuem solventes em suas composições, por exemplo, não podem ser vendidos em embalagens quadradas ou com ângulos retos, por conta do acúmulo de produtos nos cantos. Pense em latas de tinta para paredes, por exemplo. Elas são redondas por motivos legais, não necessariamente estéticos. Essas normas são criadas e auditadas pela Associação Brasileira de Normas Técnicas (ABNT) e podem ser encontradas no *site* da entidade: <www.abnt.org.br>. Dedique um tempo buscando as normas regulamentadoras da área em que trabalha, muito provavelmente serão extensas e detalhadas.

Promoções integradas de marcas

A maior parte dos assuntos de que tratamos neste livro refere-se a estratégias para a construção de marcas em longo prazo. As promoções de venda, ao contrário, são incentivos para a mudança de comportamento em curto prazo. Em comparação com a comunicação, que busca criar referências mentais e mudar a opinião do consumidor, as promoções são aplicadas mais próximo do ponto de venda. A ideia é levar o consumidor a uma compra que não faria, seja porque pretendia comprar outra marca, seja porque queria comprar em menor quantidade ou em outro momento, por exemplo.

Exatamente por isso, promoções podem ser perigosas do ponto de vista da construção de marcas, já que podem deixar os consumidores mais sensíveis a preço e menos fiéis à marca – exatamente os efeitos contrários de um *brand equity* forte. É o que acontece quando uma marca passa tempo demais com preços promocionais: os consumidores podem ser condicionados a comprar apenas quando os preços estão reduzidos. Na prática, isso pode significar queda de lucratividade.

Ciente desses problemas e riscos, o gestor tem a responsabilidade de planejar ações promocionais com o fim de estreitar relações com o consumidor e criar valor de marca, em vez de focar em competições agressivas de preço e incentivos para a compra.

Amostras grátis, por exemplo, são uma opção inteligente para quem está indeciso ou para lançamentos de novos produtos, já que diminuem o risco percebido em relação à incerteza quanto à qualidade do produto.

Kotler e Keller (2012) fazem distinção entre promoções de valor agregado e promoções de preço. **Promoções de valor agregado** devem divulgar uma mensagem de venda e reforçar alguma associação em vez de simplesmente reduzir o preço. Amostras grátis, cartões de fidelidade ou cupons de desconto distribuídos para um público selecionado, por exemplo, podem gerar efeitos positivos nas vendas em curto prazo e, efetivamente, contribuir para o *brand equity* em longo prazo.

Programas de vantagens e fidelidade são promoções interessantes para aumentar o valor entregue na compra sem alterar o produto ou seu preço. Alguns exemplos eficientes incluem a criação de confrarias entre os clientes – para que se tornem próximos e compartilhem seus interesses pela marca – e a distribuição de brindes e vantagens reais, como presentes inesperados e reconhecimentos. O clássico modelo de programa de fidelidade com pontos que nunca serão trocados por nada valioso já está esgotado, e um bom gestor de marketing deve evitá-lo.

> **O gestor tem a responsabilidade de planejar ações promocionais com o fim de estreitar relações com o consumidor e criar valor de marca, em vez de focar em competições agressivas de preço e incentivos para a compra.**

Promoções integradas nas quais o cliente compra um produto e ganha outro também são interessantes em diversos momentos da estratégia. Podem ser úteis no lançamento de novos produtos, para gerar experimentação ou incrementar o relacionamento com a marca, por exemplo, aumentando o *mix* consumido pelo cliente. Também pode ajudar a "desovar estoque" em final de coleção, se for o caso, sem precisar reduzir o preço e, com ele, o valor percebido pelo consumidor.

Um elemento-chave do sucesso de promoções é a palavra *integrada*. Todos os elementos de uma marca devem conversar entre si e com o consumidor na mesma linguagem, com a mesma imagem e personalidade. Isso significa que as promoções devem comunicar os mesmos valores que todos os outros elementos da comunicação, para que o consumidor seja impactado por uma mensagem única, sólida e objetiva.

Digital branding

Muito se fala sobre marketing digital e *branding digital*. De fato, a interação entre consumidores e marcas e até mesmo o comportamento de consumo mudaram drasticamente com a popularização das tecnologias digitais. Mas seria mesmo o caso de um novo tipo de marketing? Tudo o que apresentamos até este ponto está relacionado ao *branding off-line* e precisamos de um novo arcabouço de conhecimentos para fazer *branding digital*? O CEO da **Diageo** respondeu muito bem a um questionamento semelhante com a frase "Não se trata de fazer 'marketing digital', é sobre o marketing de forma eficaz em um mundo digital" (Angel, 2017).

Isso quer dizer que, apesar de o ferramental e algumas dinâmicas de mercado terem sofrido mudanças, o marketing e a

> Maior produtora de bebidas destiladas do mundo, proprietária de marcas como Smirnoff e Johnnie Walker.

construção de marcas continuam seguindo as mesmas bases de tudo o que é feito *off-line*. Compreender o consumidor, suas necessidades e seus comportamentos, mapear o mercado e identificar concorrentes, definir o posicionamento e a segmentação, criar pontos de paridade e de diferença, reforçar a lembrança da marca e criar associações positivas – é assim que se constroem marcas, *on-line* ou *off-line*.

Então, o que muda? No mundo digital, há algumas ferramentas a mais para comunicar valor, as quais alteraram as formas de relacionamento entre consumidor e marca. Se antes a comunicação tinha mão única, com as empresas falando via mídia tradicional e os consumidores apenas ouvindo, no mundo digital, a comunicação é de mão dupla: o consumidor tem o poder de falar com a marca, emitir sua opinião, cobrar esclarecimentos e até mesmo reciclar a mensagem da marca atribuindo novo significado a ela. Resumidamente, o digital trouxe mais diálogo para a relação.

> **No mundo digital, há algumas ferramentas a mais para comunicar valor, as quais alteraram as formas de relacionamento entre consumidor e marca.**

Pensando nisso, um gestor tem de planejar a utilização dos meios digitais para fortalecer sua marca: Como se aproximar do consumidor e estabelecer diálogos com ele? Um meio são as redes sociais. As pessoas estão habituadas a manter perfis *on-line* como extensões de sua vida e utilizá-los para criar relacionamentos. O Facebook é a rede para compartilhar a vida, o Instagram é o espaço para mostrar fotos de momentos e seguir os influenciadores digitais, o Twitter é o lugar para tiradas espirituosas, o LinkedIn é a plataforma séria para a imagem profissional e o Pinterest é uma grande biblioteca de referências. Apesar de, em algumas circunstâncias, os usos dessas redes acabarem se sobrepondo, você não será bem-visto se fizer piadas demais no LinkedIn, por exemplo – o que também é verdade para as marcas.

Esse *tour* pelo uso de diferentes redes sociais nos leva a uma das principais diretrizes do marketing digital: se a preocupação com o contexto em que o consumidor era impactado pela comunicação da marca já existia nos meios de comunicação *off-line*, no meio *on-line* essa preocupação deve ser exponencialmente maior. Estabelecer diálogos é algo muito mais personalizado e individualizado do que as comunicações em massa, como televisão e rádio.

A possibilidade de coletar dados sobre o uso da internet permite compreender o comportamento digital dos consumidores para otimizar os momentos em que é pertinente fazer algum contato e perceber como este deve ser feito. É com base nisso que se define em quais redes a marca deve estar e qual abordagem utilizar. Obviamente, cada público-alvo tem um comportamento diferente *on-line* e, embora isso deixe as coisas um pouco mais complexas, também permite que a segmentação e a personalização da estratégia sejam mais refinadas, o que é bastante positivo para estratégias *on-line*.

Quando não estão criando e mantendo relacionamentos nas redes sociais, o que as pessoas costumam fazer na internet? Alguns costumam dizer que existem duas internets: a do Google e a do Facebook. Isso quer dizer que, se as pessoas estão fora das redes sociais, provavelmente estão buscando algum tipo de informação. Se juntarmos as peças busca por informações e comunicação de duas vias, surge a próxima grande técnica para o *branding digital*: o *inbound marketing*.

O *inbound marketing* é a inversão do raciocínio tradicional da comunicação de se aproveitar da atenção que o consumidor está dedicando a algo de que gosta (a novela, por exemplo) para exibir sua mensagem comercial. A ideia é que o conteúdo da marca seja o foco da atenção do consumidor. Como fazer isso? Oferecendo informação realmente útil para ele. É como a receita de pudim no verso da caixinha de leite condensado, mas no ambiente *on-line* e sem envolver necessariamente o uso do produto. *Blogs, e-books*, estudos e relatórios são exemplos de conteúdos que podem ser oferecidos.

Ao oferecer informação de qualidade, a marca cria a imagem de autoridade no assunto. No caso de compras mais complexas e de alto risco, o conteúdo pode ser útil para informar o consumidor sobre questões técnicas e até mesmo fazê-lo notar algumas necessidades latentes que não notaria se a informação não estivesse disponível. Em outros casos, o conteúdo fornecido cria e reforça associações, como uma empresa de bebidas que faz um guia de casas noturnas. Um dos exemplos mais famosos nesse sentido é o *blog* da RedBull, que dá notícias sobre esportes, cultura urbana e outros temas que tenham a ver com o posicionamento da marca e com seu público-alvo.

É preciso ter a consciência de que trabalhar com conteúdo não é como fazer propaganda. É necessário pensar no consumidor e no que ele precisa e resistir à tentação de fazer de cada texto uma oportunidade de venda, além de lembrar que, apesar do alvoroço criado em torno do nome *inbound marketing*, ele nada mais é que a obrigação de todo gestor que pretende desenvolver relacionamento com pessoas: falar sobre coisas interessantes.

Nesse sentido, um gestor de *branding* deve entender de estratégias digitais. Dedicar um bom tempo ao Google, assistindo a tutoriais e aulas sobre como criar e gerenciar campanhas, ler métricas e otimizar retornos com essa ferramenta podem ser medidas fundamentais. O mesmo deve ser feito com o Facebook, o Instagram e todas a plataformas que se pretender usar. Sem um bom conhecimento do canal, dificilmente a comunicação será eficiente.

Perguntas & respostas

1. Como criar marcas fortes e por que se preocupar com as associações que os consumidores estabelecem com elas?

Marcas fortes são resultado de diversas ações integradas que objetivam entregar ao consumidor o valor intangível que ele espera receber com um produto. Marcas fortes simbolizam essência. Associações são um elemento importante na construção de marcas fortes, porque é por meio delas que o consumidor atribui significado ao desenho que é a marca e o interpreta.

Síntese

- Marcas são elementos que significam muito mais que o conjunto de estímulos físicos que entregam. A semiótica é o estudo do significado desses símbolos.
- Consumidores diferentes atribuem significados diferentes a símbolos diferentes. O gestor deve estudar seu público-alvo e saber como interpretar os estímulos.
- São diretrizes para a comunicação eficiente de marcas: memorabilidade, significância, atratividade, transferibilidade, adaptabilidade e proteção.
- Embalagens e rotulagens são, além de elementos de proteção, grandes possibilidades de comunicação. Existem normas determinadas pela ABNT que devem ser consultadas ao criar as embalagens de produtos.
- Promoções integradas e conduzidas de forma eficiente ajudam a reforçar o posicionamento da marca e criar associações de memória positivas.
- O mundo *on-line* transformou e continua transformando a comunicação de marcas. Os processos são muito mais de mão dupla e o gestor precisa saber como otimizar a presença da marca em todos os canais.

Questões para revisão

1. Defina as diretrizes de memorabilidade e transferência para compor uma marca.

2. Como promoções de marcas podem reforçar um posicionamento?

3. É **incorreto** afirmar que a semiótica é:
   a. a atribuição de significado a símbolos como marcas.
   b. o estudo do significado de elementos como tipografia e imagens.
   c. qualquer estímulo que percebemos por meio dos nossos sentidos.
   d. o estudo dos signos que permite a marcas tornar os consumidores mais irracionais.

4. Considere as seguintes afirmações a respeito da tríade da semiótica:
   I. Os elementos formadores são significante, objeto e significado.
   II. O significante é o que percebemos com nossos sentidos e todas as suas características.
   III. O objeto é o que o significante representa, uma imagem mental não linguística, uma coisa.
   IV. O significado é como esse objeto será interpretado por quem o percebe.

Estão corretas as afirmativas:
a. I, II e IV.
b. II e III.
c. II, III e IV.
d. I, II, III e IV.

5. Sobre a atuação de marcas no ambiente *on-line*, marque verdadeiro (V) ou falso (F):
   ( ) As bases estratégicas utilizadas por marcas *on-line* e *off-line* devem ser as mesmas.
   ( ) É imprescindível que as marcas estejam em todas as mídias sociais para que sejam bem-sucedidas atualmente.
   ( ) É preciso conhecer o comportamento adequado de cada plataforma *on-line* para que se possa obter sucesso por meio dela.
   ( ) Não existe, essencialmente, separação entre os mundos *off-line* e *on-line* nas estratégias de *branding*.

capítulo 6
marca pessoal

Conteúdos do capítulo:

» Estrutura de marcas pessoais.
» Como construir marcas pessoais fortes.
» Posicionamento e público-alvo.
» Comunicação e imagem de marca.
» *Networking*.
» Experiência de consumo.

> A despeito da idade ou da posição, a despeito do tipo de negócio em que estamos, todos nós precisamos entender a importância do branding. Nós somos os CEOs de nossas próprias companhias: "Eu, Ltda". Para estar no mercado hoje, seu trabalho mais importante é ser gestor de marketing da marca chamada "Eu". [...] você precisa se ver de maneira diferente. Você não é um empregado [...] você não pertence a nenhuma companhia [...]. Você não é definido pelo título do seu trabalho e nem está confinado à descrição do seu cargo. [...] Ser CEO da "Eu, Ltda" requer que você [...] cresça, que se promova, que obtenha do mercado sua recompensa.
>
> (Peters, 1997, tradução nossa)

Explicamos como gerir marcas de diversas formas ao longo dos capítulos anteriores e é possível que você tenha se perguntado mais de uma vez se o mesmo conceito sobre o qual estava lendo poderia ser aplicado para a gestão de marcas pessoais, quando a marca, o fornecedor e o produto se confundem em um mesmo contexto de consumo. Bem, a resposta, como tudo no marketing, é *depende*, mas vamos juntos compreender as disparidades e semelhanças.

A definição de *marca* apontada pela American Marketing Association – AMA (Brand, 2018), a qual citamos no Capítulo 1 – um nome, termo, sinal ou desenho, ou uma combinação destes, que tem por finalidade identificar os produtos e serviços de um vendedor ou de um grupo de vendedores e diferenciá-los em relação aos concorrentes – vale também para marcas pessoais, porque a finalidade e a caracterização continuam sendo as mesmas. Marcas são a representação do valor entregue pelo vendedor, e pessoas também entregam valor a seus produtos.

Uma das grandes diferenças conceituais entre marcas corporativas e marcas pessoais está na distância que se pode imprimir entre fabricante/vendedor e produto ofertado e seu reflexo na decisão de compra. Quando o consumidor compra um lápis da marca Faber-Castell, ele sabe – ou imagina – que a empresa fabrica milhares de lápis como aquele todos os dias, que fabrica ainda diversos outros tipos de produtos e que existem diferentes plantas de fabricação espalhadas pelo mundo. Quando compra o lápis entalhado à mão pelo Fulano de Tal, ele sabe que aquele é um produto único, que não existem outros iguais e que a responsabilidade pela fabricação do lápis é toda do Fulano de Tal. A marca corporativa Faber-Castell está relativamente distante daquele lápis específico, se comparada à marca pessoal Fulano de

Tal. Esse é um ponto a ser notado e que pode exercer influência positiva ou negativa durante o processo de decisão de compra.

Outra diferença importante entre as marcas corporativas e marcas as pessoais está na construção e na expressão da identidade da marca. Corporações são feitas por pessoas, naturalmente diferentes entre si; elas interagem e constroem juntas a imagem repassada para o consumidor. Essa diversidade pode ser benéfica para a construção, mas pode também gerar ruído e confundir o consumidor. Ainda que a identidade seja definida estrategicamente pelos gestores da marca, é preciso envolvimento de todos na cadeia de entrega de valor para que o consumidor perceba as características como estão sendo entregues – quanto mais pessoas envolvidas, mais complexo é garantir a perfeita execução disso. Marcas pessoais são mais facilmente compreendidas em suas identidades porque refletem a essência dos sujeitos que lhes deram origem. Sob esse aspecto, são mais simples e lineares.

Assim como fizemos para marcas corporativas, apresentamos a seguir como estruturar e entregar valor de marcas pessoais. Ao final deste capítulo, você deverá se sentir mais confortável para abordar o tema.

> **Ainda que a identidade seja definida estrategicamente pelos gestores da marca, é preciso envolvimento de todos na cadeia de entrega de valor para que o consumidor perceba as características como estão sendo entregues.**

Estrutura de marcas pessoais

Kotler e Keller (2012, p. 91) definem *marca pessoal* como "uma nova disciplina que utiliza os conceitos e instrumentos do marketing em benefício da carreira e das vivências pessoais dos indivíduos, valorizando o ser humano em todos os seus atributos, características e complexa estrutura. Parafraseando os conceitos de marketing, podemos entender que uma marca pessoal envolve, assim como uma marca organizacional, a promessa de entrega de valor. Uma marca pessoal tem de representar o valor que determinada pessoa pode oferecer a outras, ser a estampa de uma história única e indissociável do sujeito que a detém e, principalmente, ser estável e constante.

A marca pessoal é um compromisso de entrega entre duas partes e seu valor está na força da promessa. Ainda que se dê entre duas pessoas, a relação de consumo está presente e é bastante semelhante à relação entre pessoa e organização. Tente se lembrar de algum profissional que você costuma contratar – um cabeleireiro, por exemplo. Seu nome é sua marca, correto? O que o nome dele representa para você? Quais são as garantias que ele promete, quais são seus valores, sua história e sua identidade? A marca pessoal desse profissional funciona, para sua decisão de compra, da mesma forma que outras marcas organizacionais com que você se relaciona, entregando um valor intangível que vai além do produto consumido – nesse caso, o corte de cabelo.

A função de uma marca é comunicar os atributos intangíveis que formam o valor entregue ao consumidor. Lembre-se de que o conceito de **valor** nas definições mais clássicas do marketing é fruto da relação entre custos e benefícios percebidos pelo consumidor na aquisição e no consumo de um produto. O valor percebido é que dita quanto o consumidor

> O conceito de valor nas definições mais clássicas do marketing é o fruto da relação entre custos e benefícios percebidos pelo consumidor na aquisição e consumo de um produto.

está disposto a pagar (ou trocar de valor) pelo produto, ou quanto esforço está disposto a despender para consegui-lo. A diferença de preço de um mesmo ovo de chocolate antes ou depois do dia da Páscoa ilustra bem o conceito de valor percebido.

Estruturalmente, autores como Kapferer (2012) e Keller (2012) definem que uma marca pessoal é composta de quatro elementos: atributos, benefícios prometidos, crenças e personalidade.

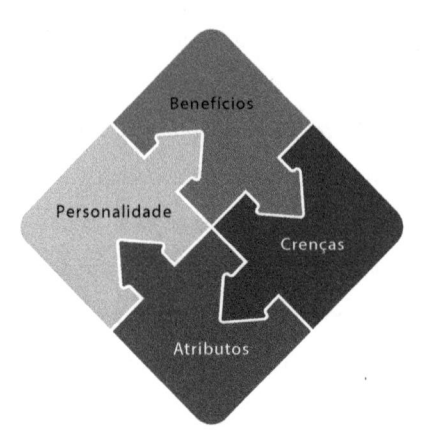

Figura 6.1 – Elementos de uma marca pessoal

Os **atributos** são as características tangíveis e as competências objetivas da marca, como a imagem estética que apresenta, a linguagem que usa, os títulos que ostenta e as capacidades que defende. **Benefícios prometidos** são o conjunto de elementos que a marca se compromete a entregar ao consumidor, tangíveis e intangíveis. Os benefícios prometidos é que geram expectativa no consumidor e devem, portanto, ser rigorosamente entregues sob pena de causar decepção e desencadear reações negativas, como comentários negativos e desinteresse na recompra.

O **conjunto de crenças** é a representação das virtudes e proposições de valor. Por exemplo, determinada marca pode ter crenças relacionadas ao cuidado com o meio ambiente, valorizar a humanização do trabalho ou priorizar a geração de riqueza, ser mais ou menos engajada pela educação, pelas artes ou pelo humanitarismo. O conjunto de crenças inclui as prioridades morais e éticas da marca e retrata, naturalmente nesse caso, as crenças pessoais do sujeito que a marca representa.

Por fim, a **personalidade** é a representação de aspectos de traço de comportamento da marca e de seu representado – timidez ou extroversão, por exemplo. Marcas podem sustentar personalidades mais graves ou mais divertidas, mais ou menos estáveis, entre diversas outras características. Os *big five* são a classificação mais comum da personalidade humana e podem ser aplicados facilmente à personalidade de marcas, em especial no caso da marca pessoal, em que ambas se confundem. O quadro a seguir ilustra extremos de cada traço.

Quadro 6.1 – Dimensões de personalidade: *big five*

Fatores	Extremo intenso	Extremo ausente
Neuroticismo	Inquieto, depressivo, temperamental	Otimista ingênuo, impudico, audacioso
Extroversão	Dominante, teatral, maníaco	Frio, letárgico, inativo
Abertura	Irrealista, extravagante, radical	Concreto, abnegativo, moralista
Agradabilidade	Crédulo, submisso, exageradamente generoso	Cínico, receado, manipulador,
Conscienciosidade	Perfeccionista, hesitante, ruminativo	Relaxado, insensato, imoral

Fonte: Elaborado com base em Hutz et al., 1998.

> Dica: existem diversos *sites* que apresentam versões simplificadas e gratuitas do teste das *big five*. Você pode fazer e se conhecer um pouco melhor ou usar como um auxílio na definição da personalidade de marcas pessoais.

O autor da epígrafe deste capítulo, Tom Peters (1997), foi um dos grandes responsáveis por disseminar a cultura de que todos temos marcas pessoais a serem geridas e que, portanto, é preciso aprender como fazê-lo da maneira correta. Marcas devem ser enraizadas na verdade. Marcas pessoais, em especial, têm de se aproximar o máximo possível dela. Algumas marcas pessoais atualmente valem muito mais que diversas marcas globais – é o caso da modelo Gisele Bündchen.

Em tempos de superexposição pessoal e presença massiva em mídias sociais, a preocupação com marcas pessoais aumentou exponencialmente e fomentou novas profissões – como influenciador digital e especialista em *branding* para mídias sociais. Por outro lado, deturpou bastante o entendimento da gestão de uma marca pessoal. Estamos vivendo a era da comoditização do *branding*, na qual o ato de seguir um manual – *e-book* bastante ilustrado, preferencialmente – de boas práticas em postagens de mídias sociais é vendido como o suficiente para garantir o sucesso de uma marca pessoal.

Lembre-se de que uma marca precisa representar a essência do que está sendo entregue para o consumidor. Como postulado por Peters (1997) e tantos outros, uma marca pessoal precisa ser tratada como a representação pessoal de alguém, com todos os seus elementos estrategicamente construídos – portanto, não basta ser moldada para seguir passos e obter engajamento. Mídias sociais são, sim, uma plataforma de comunicação e entrega de valor, mas o caminho não pode ser desvirtuado, e essas plataformas não podem ditar a construção da identidade da marca. Uma marca é muito mais do que um canal. Quando tratamos de construção de marcas pessoais ao longo dos próximos parágrafos, tenha essa grandiosidade em mente.

Como construir marcas pessoais fortes

Consistência e **verdade** talvez sejam os dois principais elementos para a construção de marcas pessoais fortes. É bastante difícil que uma marca se sustente entregando posicionamento instável ou valores e identidade diferentes aos do sujeito que representa. Dito isso, estrategicamente podem ser consideradas diferentes ações para que a marca ganhe força no mercado em que deseja atuar. Detalhamos algumas delas na sequência.

Posicionamento e público-alvo

Esses são dois elementos que precisam ser definidos *a priori* em qualquer construção de marca. Já comentamos bastante sobre eles no início deste livro. Um questionamento que pode ser definitivo nesse momento é "Quem você quer ser no mercado?", porque transmite a essência do que é posicionamento de marca. *Posicionamento* não é sinônimo de *identidade*, embora estejam próximos. Posicionar uma marca no mercado em que se deseja atuar é encontrar a postura a ser adotada e definir o valor que será prometido aos potenciais consumidores. Identidade é a soma de todas as características individuais da marca.

Sejamos mais claros: Você tem uma identidade definida, certo? É mais ou menos extrovertido, tem valores específicos, competências e habilidades tais e um estilo de se comunicar. Além disso, você ainda pode escolher como se posicionar em relação às pessoas que deseja convencer. Você pode se posicionar, por exemplo, como um dos maiores especialistas técnicos na área em que deseja atuar, ou como uma pessoa inovadora e de fácil relacionamento interpessoal. São posicionamentos distintos e ambos podem dizer respeito a sua identidade.

A definição do posicionamento faz parte dos primeiros estágios da construção da marca e acontece simultaneamente à delimitação do público-alvo, porque é com base nele que são traçadas todas as estratégias de *branding*. Qual é o público que se espera conquistar? Quem são as pessoas que se deseja que comprem o produto e reconheçam a marca? É importante lembrar que definições sociodemográficas estão longe de ser suficientes para estabelecer *target*. O público-alvo deve ser identificado com base em variáveis psicográficas para que se desenhem estratégias eficientes. Assim que estiverem claros o posicionamento e o público que se deseja alcançar, as diretrizes de ação devem ser direcionadas a eles.

Comunicação e imagem de marca

Uma vez que o consumidor entende determinada marca como a representação de uma pessoa, elas se tornam indissociáveis, assim como a interpretação de todos os estímulos que geram. Se alguém é a própria marca, então tudo o que fala ou faz também diz respeito a ela, e as conclusões do consumidor se aplicarão a ambos. Esse é um ponto bastante delicado da comunicação e da imagem de marcas pessoais: se confundem intensamente com a pessoa por trás da marca.

Como gestores de nós mesmos, é importante que nos lembremos sempre dessa relação. Um sujeito que deseja comunicar sua marca como séria e comprometida deve comunicar que ele mesmo é sério e comprometido; do contrário, o consumidor pode não acreditar. Quantas histórias já ouvimos de empregadores que procuram os perfis de candidatos nas redes sociais para analisar seus comportamentos? A discrepância entre as promessas da marca e a comunicação da pessoa muitas vezes são grandes o suficiente para fazer o empregador desistir da contratação.

Lembre-se dos conceitos de comunicação integrada de marketing. Você já deve saber que a comunicação de uma marca acontece em todos os momentos de contato com o consumidor – por canais de relacionamento, como atendimento *on-line*, *chat* e mídias sociais, pelas cores e tipografia do logotipo e da embalagem, ou pelas características tangíveis e intangíveis do produto que entrega. O mesmo se aplica às marcas pessoais. Isso vale para a linguagem que o sujeito adota para falar ou escrever, a imagem estética que escolhe ostentar – como cores e formas, o logotipo, as características do produto que oferece –, a postura que assume perante os consumidores e na ausência deles... Tudo o que o sujeito faz é parte da comunicação de sua marca. Esse é um dos grandes desafios da gestão da comunicação de marcas pessoais.

Não há uma receita para isso; a verdade é que dita a regra de comportamento para a comunicação, mas o gestor precisa prever como o consumidor pode interpretar o estímulo que ele está oferecendo. Iniciemos nossa ilustração com o tema mais polêmico: imagem pessoal.

O estilo de roupas que alguém escolhe usar, o corte de cabelo, as cores que adota, os cuidados com a higiene pessoal e todos os outros fatores que formam sua "embalagem" devem comunicar o mesmo posicionamento que sua marca promete. Pense em um profissional cuja marca comunica acreditar em ambientes de trabalho informais e despojados, no compartilhamento de projetos e no intercâmbio de ideias para o crescimento da equipe. Faria sentido ele usar roupas sociais e passar o dia todo sozinho em sua própria sala? Não seria contraditório? O que ele considera ideal, afinal?

O foco não é usar esta ou aquela roupa ou fazer juízo de valor sobre vestuário. O tema aqui é a comunicação integrada e o alinhamento que o gestor da marca pessoal deve orientar para que, em todos os momentos, sejam comunicados os mesmos elementos. Se a marca comunica ser clássica, a embalagem deve ser clássica. Essa coerência também vale para moderna, despojada, autêntica...

O que a marca fala/escreve também deve ser considerado. A linguagem, a forma e o conteúdo do que enuncia devem estar alinhados da mesma maneira, assim como a linguagem corporal usada. É aqui que as plataformas *on-line*, como *blogs*, *site* e mídias sociais, podem ser bem ou mal utilizadas para a imagem da marca, porque aumentam drasticamente a exposição do sujeito por trás dela. Recomenda-se que o sujeito use redes como LinkedIn, Instagram e Facebook para emitir posições que reforcem a imagem comunicada por sua marca em seu *website* ou *blog*, por exemplo, jamais para contradizê-la.

Se uma marca envia duas mensagens opostas a um mesmo consumidor, ela pode gerar dissonância e inibir a decisão de compra por faltar credibilidade nas mensagens enviadas. O bom gestor sabe usar as ferramentas disponíveis para construir uma imagem adequada ao posicionamento de marca tomando como base elementos de comunicação integrada.

Networking

Diversos estudos já comprovaram a importância das recomendações para as decisões de compra e recompra. De produtos de uso diário, como *shampoos* ou cereais matinais, a profissionais liberais, como dentistas e advogados, buscamos as marcas que pessoas em quem confiamos nos recomendam, porque atestam suas qualidades. No caso de profissionais liberais e marcas pessoais, o impacto da recomendação é ainda maior. Assim, construir uma rede de contatos e ser ativo socialmente importa muito para o sucesso de uma marca pessoal.

Construir *networking* não significa estar em todas as festas e eventos sociais. Nem ser amigo de muitas pessoas no Facebook ou LinkedIn. Significa fomentar uma rede de relacionamentos profissionais em que todos os participantes recebam e compartilhem valor com os demais, seja por meio de conhecimento, seja por facilidades ou outros benefícios. Quanto mais pessoas conviverem com você e reconhecerem seu potencial, mais pessoas poderão recomendar sua marca no futuro.

Como construir uma rede de *networking* sólida? Sendo altruísta, competente e verdadeiro em seus contatos. Aqueles que entregam algo na expectativa do que podem receber em troca com esse relacionamento raramente são bem-sucedidos; aqueles que, de fato, entregam valor porque estão comprometidos com a ação têm maiores chances de sucesso. Eventos de classe, feiras, congressos e outros eventos de capacitação são ótimos lugares para conhecer pessoas e iniciar contatos. Lembre-se de que, além de iniciar contatos, é importante mantê-los e renová-los. É assim que construímos relacionamentos frutíferos profissionalmente e aumentamos o valor de nossas marcas pessoais.

Experiência de consumo

Assim como marcas corporativas, marcas pessoais também vendem produtos, certo? Em ambas, a jornada de compra e as etapas de consumo podem ser mapeadas e moldadas de maneira a potencializar o valor entregue ao consumidor. Sendo assim, a experiência de consumo é um elemento importante para a construção de valor de marcas tanto pessoais quanto corporativas.

> Aqueles que entregam algo na expectativa do que podem receber em troca com aquele relacionamento raramente são bem-sucedidos; aqueles que de fato entregam valor porque estão comprometidos com a ação têm maiores chances de sucesso.

Lembre-se das etapas do processo de compra citado por Solomon (2011): reconhecimento do problema, busca de informação, avaliação das alternativas, compra, consumo e avaliação. Agora, pense na gestão de uma marca pessoal. Em cada uma das etapas, é possível otimizar os esforços para que o consumidor receba a melhor experiência possível.

Imaginemos a marca pessoal Ana Maria, cabeleireira. Ana Maria definiu seu posicionamento e seu público-alvo e tem estudado como otimizar a experiência de consumo de seus clientes. Pensando na primeira etapa de compra, Ana Maria decidiu investir em algumas ações de comunicação que atrelam sua marca ao reconhecimento da necessidade, com apelos persuasivos do tipo "Não está feliz com seu visual?".

Para otimizar a presença de sua marca na segunda etapa de consumo, Ana Maria apostou em estratégias de otimização de resultado em buscas orgânicas no Google; em anúncios patrocinados nas mídias sociais conforme as palavras-chave que lhe interessam; em conteúdos em diversas mídias e outras campanhas, como *outdoors* espalhados pelas ruas; e, claro, na construção de uma forte rede de relacionamento para que as pessoas indiquem seu trabalho.

O terceiro momento, da avaliação das alternativas, é crucial para Ana Maria. Ela precisa se destacar como a melhor das alternativas consideradas pelos potenciais consumidores. Para isso, investiu em promoções de venda com preços e programas de fidelidade diversos, com o objetivo de alcançar seu público-alvo de maneira eficiente. Também estudou as preferências de seu público e moldou seu ambiente esteticamente para que este se tornasse mais agradável.

O quarto momento é a grande aposta de Ana Maria para cativar o consumidor. Ela desenhou os passos do cliente dentro do seu ponto de venda (o pequeno salão de beleza que construiu em sua casa) e buscou otimizar a experiência. Para isso, já ao receber o cliente, oferece café, chá e um pedaço de bolo caseiro que prepara todas as manhãs. Se for o caso, o cliente é conduzido até uma pequena sala de espera com televisão e revistas para se distrair. Ana Maria se preocupou com o conforto da cadeira de lavar cabelos – um elemento que descobriu ser o pior avaliado nos salões, com base na pesquisa que contratou antes de abrir o negócio –, com a maciez das toalhas, com o aroma do *shampoo* utilizado e diversos outros detalhes que podem passar despercebidos, mas que contribuem para a experiência final do processo de consumo.

Para a quinta etapa, Ana Maria criou uma estratégia que pode melhorar a avaliação do cliente e promover a recompra: ela embutiu no preço total cobrado uma hidratação para cabelos e a ofereceu como brinde para o cliente voltar em até 60 dias a partir daquela data. Assim, o cliente termina a experiência com uma surpresa positiva e se sente presenteado, o que deve melhorar a avaliação final que faz para si próprio.

Assim como Ana Maria, todas as marcas pessoais podem e devem mapear as etapas de compra e criar experiências positivas para seus consumidores. Com o apoio de pesquisas, dados próprios e de terceiros, é possível prever com certa segurança como serão os passos de contato do consumidor e saber como incrementá-los. Certamente, esse é um grande avanço na gestão de marcas pessoais.

Existem diversos autores especializados no estudo e na gestão de marcas pessoais. Recomendamos fortemente que você busque novos materiais caso se interesse pela área. É, sem dúvidas, um campo bastante frutífero para a atuação de profissionais de marketing.

Perguntas & respostas

1. Marcas pessoais devem ser geridas da mesma maneira que marcas corporativas?
Sim. Marcas pessoais devem ser geridas exatamente da mesma maneira que marcas corporativas. É preciso pensar em estratégias de posicionamento, segmentação, entrega de valor, experiência de consumo e todos os outros elementos que impactam a criação de valor de marca. Naturalmente, a essência da marca pessoal deve ser a essência da pessoa a quem ela representa e, portanto, a verdade e a fidelidade são elementos muito importantes no contexto.
2. Quais são os principais elementos de uma marca pessoal e o que eles representam?
Os elementos são: personalidade, benefícios, crenças e atributos. Juntos, eles constituem o valor entregue pela marca ao consumidor, sua essência e as promessas que faz.

Síntese

» Toda marca pessoal deve ser gerida com o mesmo cuidado e objetividade estratégica com que são geridas as marcas organizacionais.
» A verdade é a base para o sucesso de marcas pessoais.

» O gestor precisa estar atento ao fato de que pessoa e marca se confundem, então, o posicionamento e a comunicação precisam estar alinhados.

» *Networking* é um elemento importantíssimo para construir marcas pessoais fortes e significa construir relacionamentos do tipo ganha-ganha.

Questões para revisão

1. Quais são as maiores diferenças na gestão de marcas pessoais e de marcas organizacionais?

2. Quais são os quatro atributos definidos por Kapferer (2012) e Keller (2012) como componentes de marcas pessoais?

3. Assinale verdadeiro (V) ou falso (F) para as afirmativas sobre experiência de consumo de marcas pessoais:
   ( ) Assim como marcas corporativas, marcas pessoais devem se preocupar com a experiência do consumidor.
   ( ) A experiência do consumidor acontece apenas no momento de consumo do produto ou serviço ofertado.
   ( ) Elementos que formam o conjunto de experiência são principalmente tangíveis.
   ( ) Experiências positivas criam associações de marca que aumentam seu valor.

4. É uma característica importante para a construção de *networking* efetivo:
    I. altruísmo.
    II. egocentrismo.
    III. competência.
    IV. verdade.
    V. presença massiva.

    Estão corretas as alternativas
    a. II e V.
    b. I e III.
    c. I, III e IV.
    d. II, IV e V.

5. Assinale a alternativa que **não** apresenta um dos elementos que influenciam na imagem da marca pessoal:
    a. Imagem pessoal em si (roupas, corte de cabelo etc.).
    b. Comunicação de marca.
    c. Arquitetura de marca.
    d. Personalidade de marca.
    e. Cultura da marca.

estudo de caso

Gonçalves Salles S.A. e a marca Aviação

A marca Aviação – das manteigas em latinhas –, fundada em 1920 e inalterada por muito tempo, reinventou-se nos últimos anos e vem apresentando ao mercado algumas mudanças bastante interessantes que envolvem principalmente ampliação do *mix* e modificações no posicionamento da marca. Vale a pena observarmos o caso um pouco mais de perto.

De acordo com o **_site_ da marca**, sua história iniciou com uma venda de secos e molhados em São Paulo e de laticínios no interior de Minas Gerais. Manteiga era o único produto fabricado.

Disponível em: <http://www.laticiniosaviacao.com.br/aviacao>. Acesso em: 5 maio 2018.

Figura A – Lata antiga da manteiga Aviação

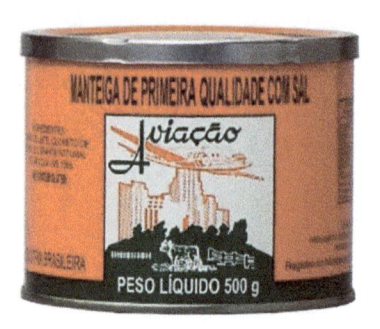

A marca, conhecida pela tradicional embalagem em lata alaranjada foi fundada por Antonio Gonçalves, Oscar Salles e Augusto Salles no ano de 1920 na cidade de Passos, interior de Minas Gerais. Seu nome foi escolhido em homenagem às primeiras empresas de navegação aérea que se instalavam no Brasil.

A tradicional embalagem em lata passou por poucas alterações ao longo dos seus 98 anos. A primeira aconteceu por volta da década de 1940, o avião estampado na lata era um biplano monomotor e foi substituído por um trimotor, até hoje a identidade visual que aparece em toda linha de produtos.

Durante os primeiros 75 anos, o processo de fabricação era artesanal. Algumas imagens encontradas no *site* da marca ilustram a época.

Figura B – Funcionários da fábrica, década de 1920

Figura C – Exposição no Rio de Janeiro, década de 1940

A partir de 1978 a empresa passou a ser sediada em São Sebastião do Paraíso, onde está até hoje. Nessa época, lançou no mercado sua linha de queijos, doce de leite e requeijão em copo de vidro.

Figura D – Doce de leite e requeijão Aviação

Um marco para a empresa foi o ano de 1995 com a aquisição de um moderno equipamento francês para fabricação e envase de manteiga. De um processo quase artesanal a empresa passou a ter sua linha de manteiga toda automatizada sem perder a qualidade e sabor do produto.

A reformulação das embalagens de queijos e doce também vale a pena ser citada. Os queijos, quando lançados, seguiam um padrão de embalagem adotados no mercado da época, tinham o azul como principal tonalidade e o doce era comercializado em latas na cor bege.

O avião que figurava nas embalagens também traduzia uma modernidade. Em vez do trimotor usado nas latas de manteiga, a linha de queijos e doce apresentava estampado em suas embalagens um concorde. Porém, a manteiga em lata e o desenho do avião eram tão marcantes na mente do consumidor que, na década de 1990 todas as embalagens de queijos e doce passaram a ser alaranjadas e com o trimotor no painel principal. Como consequência, o reconhecimento da marca no ponto de venda foi facilitado.

A empresa se reinventou nos últimos anos e vem apresentando ao mercado algumas mudanças bastante interessantes principalmente no que diz respeito a ampliação de seu *mix* de produtos. Apesar do aumento de seu portfolio e da constante busca pela melhoria de seu processo de fabricação, a Aviação mantém seu posicionamento muito forte: "produzir e comercializar produtos de alta qualidade buscando atingir as expectativas de seus consumidores, mantendo a percepção de tradição e pioneirismo". A empresa acredita ser esse o segredo de sua longevidade.

Em 2012, em alinhamento à tendência do mercado de embalagens, a icônica lata passou por outra alteração, dessa vez na embalagem, tornando-se mais prática e moderna, resultado de grande investimento em pesquisa e desenvolvimento. Em entrevista ao portal *G1* (2013), Roberto Rezende, diretor comercial da marca à época, destacou que o objetivo principal da mudança da embalagem – que passou a dispensar o uso de abridor – era aumentar as vendas da lata, que estavam em terceiro lugar, depois das embalagens plásticas e dos tabletes. A lata passou a ser produzida em embalagem de 200 g acompanhando as mudanças no padrão de consumo.

Figura E – Lata atual de manteiga Aviação

A grande mudança para a marca, no entanto, aconteceu quando seus proprietários, também donos de fazendas de café que exportavam 100% da produção em grãos *in natura*, decidiram que haveria espaço para eles junto à marca. A Aviação mudou seu posicionamento: de fabricante de derivados de leite passou a ser entendida como a marca dos produtos do café da manhã. A mudança abriu um leque enorme de possibilidades. O lançamento do café Aviação vem acompanhado do desejo de expansão para sucos e geleias e de novos investimentos para aumentar a capacidade produtiva, como Roberto Rezende Pimenta Filho, vice-presidente da empresa, destacou à *IstoÉ Dinheiro* (IstoÉ Dinheiro, 2015).

Figura F – Pacote de café da marca Aviação

O novo caminho da marca brasileira parece estar rendendo bons frutos. Em 2016 e 2017, a Aviação foi a vencedora do setor de laticínios do prêmio As Melhores da Dinheiro Rural. Em 2018, foi eleita pela revista Supermercado Moderno a marca de manteiga mais vendida. O grande objetivo dessa empresa quase centenária é continuar superando expectativas de um novo consumidor cada vez mais exigente e consciente. A grande lição está no reposicionamento, que passou a não mais identificar a marca pelo que ela produz, mas pelo comportamento dos consumidores e por características psicográficas: Aviação é a marca dos produtos para o café da manhã.

para concluir...

Como esclarecido de antemão, esta obra foi escrita projetando-se como público leitor alunos e profissionais de marketing ou áreas relacionadas que iniciam seus estudos na gestão estratégica de marcas. Por conta desse objetivo, a proposta foi apresentar conceitos de forma simples, leve e relativamente bem-humorada, para que a leitura não se tornasse massiva. Esperamos ter alcançado esse objetivo e que você não tenha se aborrecido.

A gestão estratégica de marcas é um campo fascinante. É um jogo de xadrez no qual cada movimento deve ser estratégico, implica uma série de outras decisões posteriores e deve ter consequências previsíveis na medida do possível. Dominar inúmeras estratégias diferentes e conhecer a fundo o parceiro de jogo são elementos fundamentais para o xeque-mate, no xadrez e no mercado. A construção teórica deste livro apresentou conceitos de estratégia e de conhecimento do consumidor. Trata-se de uma "visão de cima" do que pode ser aprendido e utilizado no dia a dia para construir e gerir marcas fortes.

Assim como todas as relações humanas, a gestão estratégica de marcas não é uma ciência exata em que se pode postular que um movimento impreterivelmente resultará em outro, ou que determinada ação de comunicação necessariamente gerará aumento de vendas, por exemplo. De qualquer modo, sabemos que, quanto maior é o conhecimento do gestor sobre todas as possibilidades, mais perto ele estará da previsibilidade e da eficiência estratégica.

Por isso, em tempos de conceitos mastigados e leituras rasas e superficiais, a última dica é: aprofunde-se. Este material deve servir como o pontapé inicial para que você conheça suas preferências e suas fragilidades e dedique-se a aprender mais, sempre.

Muito sucesso a você e à sua marca pessoal ou às que venham a estar sob seus cuidados.

Grande abraço,
Cristina.

referências

AAKER, D. A. *Managing Brand Equity*: Capitalizing on the Value of a Brand Name. New York: Free Press, 1991.

____. *Marcas*: brandy equity – gerenciando o valor da marca. Tradução de André Andrade. São Paulo: Negócio, 1998.

AIEX, T. O Rancid nos fez esperar por longos 25 anos, mas lavou a nossa alma no Lollapalooza Brasil. *Tenho mais discos que amigos!*, 26 mar. 2017. Disponível em: <http://www.tenhomaisdiscosqueamigos.com/2017/03/26/rancid-lollapalooza-brasil-resenha/>. Acesso em: 3 maio 2018.

ANGEL, N. *Os 5 desafios do marketing digital na transformação*. 13 set. 2017. Disponível em: <http://www.administradores.com.br/artigos/marketing/os-5-desafios-do-marketing-digital-na-transformacao/106856/>. Acesso em: 4 maio 2018.

ANSOFF, I. Strategies of diversification. *Harvard Business Review*, v. 5, n. 25, p. 113-125, 1957.

ATLAS OF EMOTIONS. Disponível em: <http://atlasofemotions.org/>. Acesso em: 3 maio 2018.

BRAND. In: AMA – American Marketing Association. *Dictionary*. Disponível em: <https://www.ama.org/resources/Pages/Dictionary.aspx?dLetter=B>. Acesso em: 3 maio 2018.

BRASIL. Lei n. 9.279, de 14 de maio de 1996. *Diário Oficial da União*, Poder Legislativo, Brasília, DF, 15 maio 1996. Disponível em: <http://www.planalto.gov.br/ccivil_03/leis/l9279.htm>. Acesso em: 3 maio 2018.

BRASIL. Ministério da Indústria, Comércio Exterior e Serviços. INPI – Instituto Nacional da Propriedade Industrial. *Tabela de retribuições dos serviços prestados pelo INPI*. Disponível em: <http://www.inpi.gov.br/menu-servicos/marcas/arquivos/tabela-de-retribuicao-de-servicos-de-marcas-inpi-20170606.pdf>. Acesso em: 3 maio 2018.

BRASIL. Ministério da Indústria, Comércio Exterior e Serviços. INPI – Instituto Nacional da Propriedade Industrial. *Marca*: mais informações. 22 abr. 2015. Disponível em: <http://www.inpi.gov.br/menu-servicos/marcas/marca-2013-mais-informacoes>. Acesso em: 3 maio 2018.

_____. *Manual de marcas*. 2. ed. Diretoria de Marcas, Desenhos Industriais e Indicações Geográficas – INPI, 11 jul. 2017. Disponível em: <http://manualdemarcas.inpi.gov.br/attachments/download/2359/Manual%20de%20Marcas_2%C2%AA_edi%C3%A7%C3%A3o_1%C2%AA_revisao.pdf>. Acesso em: 3 maio 2018.

CHÉTOCHINE, G. *Buzz marketing*: sua marca na boca do cliente. São Paulo: Pearson, 2006.

CONDICIONAMENTO pavloviano de ordem superior (respondente). Disponível em: <http://psicoativo.com/?s=condicionamento+pavloviano>. Acesso em: 5 maio 2018.

DAMÁSIO, A. R. *O erro de Descartes*: emoção, razão e o cérebro humano. Tradução de Dora Vicente e Georgina Segurado. São Paulo: Companhia das Letras, 2012.

DO BEM. Disponível em: <http://dobem.com/>. Acesso em: 3 maio 2018.

G1. *Manteiga Aviação muda lata pela 1ª vez após mais de 90 anos*. 5 fev. 2013. Disponível em: <http://g1.globo.com/economia/midia-e-marketing/noticia/2013/02/manteiga-aviacao-muda-lata-pela-1-vez-apos-mais-de-90-anos.html>. Acesso em: 4 maio 2018.

GRUPO BOTICÁRIO. Disponível em: <http://www.grupoboticario.com.br/pt/Paginas/Inicial.aspx>. Acesso em: 3 maio 2018.

HAVAIANAS. Disponível em: <http://www.havaianas.com/pt-br/>. Acesso em: 3 maio 2018.

HUTZ, C. S. et al. O desenvolvimento de marcadores para a avaliação da personalidade no modelo dos cinco grandes fatores. *Psicologia: Reflexão e Crítica*, Porto Alegre, v. 11, n. 2, p. 395-411, 1998. Disponível em: <http://www.scielo.br/scielo.php?script=sci_arttext&pid=S0102-79721998000200015&lng=en&nrm=iso&tlng=pt>. Acesso em: 4 maio 2018.

INTERBRAND. *Marcas brasileiras mais valiosas 2016*: ranking. Disponível em: <http://www.rankingmarcas.com.br/2016/ranking2016.html>. Acesso em: 3 maio 2018.

JAIME JÚNIOR, P. Etnomarketing: antropologia, cultura e consumo. *Revista de Administração de Empresas*, São Paulo, v. 41, n. 4, p. 68-77, out./dez. 2001. Disponível em: <http://www.scielo.br/pdf/rae/v41n4/v41n4a08.pdf>. Acesso em: 5 maio 2018.

KAPFERER, J. N. *The New Strategic Brand Management*: Advanced Insights and Strategic Thinking. 5. ed. London: Kogan Page, 2012.

KAYS, J.; PHILLIPS-HAN, A. *Gatorade*: the Idea that Launched an Industry. Disponível em: <http://www.research.ufl.edu/publications/explore/v08n1/gatorade.html>. Acesso em: 3 maio 2018.

KELLER, K. L. Conceptualizing, Measuring, and Managing Customer-Based Brand Equity. *Journal of Marketing*, v. 57, n. 1, p. 1-22, Jan. 1993.

_____. Memory Factors in Advertising: the Effect of Advertising Retrieval Cues on Brand Evaluations. *Journal of Consumer Research*, v. 14, n. 3, p. 316-333, Dec. 1987.

_____. *Strategic Brand Management*: Building, Measuring, and Managing Brand Equity. 4. ed. Upper Saddle River: Pearson Prentice-Hall, 2012.

KELLER, K. L.; MACHADO, M. *Gestão estratégica de marcas*. São Paulo: Prentice Hall Brasil, 2006.

KOTLER, P.; KELLER, K. L. *Marketing Management*. 14. ed. Upper Saddle River: Pearson Prentice-Hall, 2012.

LENCASTRE, P. de; CÔRTE-REAL, A. Um triângulo da marca para evitar a branding myopia: contribuição semiótica para um modelo integrado de compreensão da marca. *Organicom: Revista Brasileira de Comunicação Organizacional e Relações Públicas*, v. 4, n. 7, p. 98-113, jul./dez. 2007. Disponível em: <https://www.revistas.usp.br/organicom/article/view/138946/0>. Acesso em: 4 maio 2018.

MAGAZINE LUIZA. *Nossa história*. Disponível em: <http://www.magazineluiza.com.br/quem-somos/historia-magazine-luiza/>. Acesso em: 3 maio 2018.

OLIVEIRA, R. N. A. de. *Marca própria*. Rio de Janeiro: Brasport, 2005.

PEIRCE, C. S. *Peirce on Signs*: Writings on Semiotics. North Carolina: The University of North Carolina Press, 1991.

PETERS, T. *The Brand Called You*. 31 ago. 1997. Disponível em: <https://www.fastcompany.com/28905/brand-called-you>. Acesso em: 3 maio 2018.

SANTAELLA, L. *Semiótica aplicada*. São Paulo: Pioneira Thomson Learning, 2002.

SIMON, H. Dynamics of Price Elasticity and Brand Life Cycles: an Empirical Study. *Journal of Marketing Research*, v. 16, n. 4, p. 439-452, Nov. 1979.

SOLOMON, M. R. *O comportamento do consumidor*: comprando, possuindo e sendo. Tradução de Luiz Claudio de Queiroz Faria. 9. ed. Porto Alegre: Bookman, 2011.

THINK WITH GOOGLE. *The (Entertainment) Revolution will not be Televised*. Apr. 2016. Disponível em: <https://www.thinkwithgoogle.com/intl/en-gb/consumer-insights/the-revolution-will-not-be-televised-articles/>. Acesso em: 3 maio 2018.

THOMAS JR., G. M. Building the Buzz in the Hive Mind. *Journal of Consumer Behavior*, v. 4, n. 1, p. 64-72, Sept. 2004.

UMA CONSERVADORA bem moderninha. IstoÉ Dinheiro, 30 out. 2015, As Melhores do Middle Market. Disponível em: <https://www.istoedinheiro.com.br/noticias/as-melhores-do-middle-market/20151030/uma-conservadora-bem-moderninha/313498>. Acesso em: 4 maio 2018.

respostas

capítulo 1

1. Para a empresa, a marca é um ativo financeiro entendido como algo capaz de gerar retornos financeiros em maior ou menor proporção, conforme sua gestão. Para o consumidor, a marca é a representação de sentimentos e valores que a empresa promete entregar com algum produto (bem ou serviço).
2. Uma marca apresenta diversas funções. Entre elas, estão: identificação do fornecedor do produto, sua diferenciação em relação aos demais existentes no mercado, a comunicação e a representação de atributos intangíveis.
3. d
4. F, F, V, F.
5. c

capítulo 2

1. Quando o posicionamento da marca e o consumidor-alvo reconhecem a possibilidade de extensão da marca a produtos de outras categorias sem impactar negativamente seu valor ou posicionamento.
2. Psicográfica. O público-alvo foi definido conforme características de comportamento e personalidade.
3. a

4. b
5. P, C, P, C.

capítulo 3

1. O elemento *preço alto* é um fator que incrementa o *brand equity* na medida em que ajuda a empresa a obter retornos altos com sua marca. A relação afetiva e a medida em que a marca consegue ajudar o consumidor a alcançar seus ideais e a construir o *self* desejado são fatores que impactam positivamente a construção do *consumer based brand equity*.
2. Essa é uma decisão pessoal e que depende do objetivo da valoração, mas recomendamos avaliações que envolvam tanto indicadores financeiros quanto de relacionamento do consumidor com a marca. Usar apenas um ou outro pode tornar a medida final incompleta e irreal.
3. d
4. d
5. c

capítulo 4

1. Uma lembrança – memória – é criada sempre que um elemento passa a ter significado para o sujeito e é incrementada a partir do momento em que esse significado ganha importância e constância. Então, associações, repetição e significado são bastante importantes.
2. Não. Todos os consumidores são dotados de capacidade cognitiva e podem refletir racionalmente sobre os estímulos, mas a maior parte de suas decisões é direcionada por emoções, consciente ou inconscientemente.

3. c
4. b
5. a

capítulo 5

1. A memorabilidade tem como objetivo atribuir elementos que diferenciem a marca dos demais concorrentes no mercado. A transferência é a possibilidade de estender os elementos a extensões da marca sem prejuízos.
2. Criando experiências ou situações em que o consumidor vivencie os valores da marca, como: encontros com outros consumidores; promoções com brindes que estimulem o estilo de vida, ao presentear consumidores com outros elementos além do produto; clubes de fidelidade que reforcem valores por meio de comunicação recorrente; promoções de preço que reforcem posicionamentos que focam em liderança e em custo.
3. d
4. d
5. V, F, V, V.

capítulo 6

1. Marcas pessoais são mais sensíveis a impactos de ações isoladas porque são construídas a partir de uma única fonte emissora. Ao mesmo tempo e pela mesma razão, sua identidade é mais fácil de ser construída e comunicada. Além disso, as marcas organizacionais, em geral, estão mais distantes dos produtos que oferecem ao mercado que as marcas pessoais.
2. Personalidade, benefícios, crenças e atributos.
3. V, F, F, V.
4. c
5. c

sobre a autora

Cristina Maria de Aguiar Pastore é bacharel em Fisioterapia (2008) pela Universidade do Estado de Santa Catarina (Udesc), especialista em Marketing (2011) pela Fundação Getulio Vargas (FGV), mestre em Administração com ênfase em Marketing (2014) pela Pontifícia Universidade Católica do Paraná (PUCPR) e desde 2015 cursa o doutorado em Administração também pela PUCPR e pela École des Hautes Études Commerciales de Montréal (HEC Montréal), vinculada à Université du Montréal.

A carreira da autora inclui apenas 6 meses de atividade como fisioterapeuta, momento em que descobriu sua paixão por marketing e mudou de área em definitivo. Foi gerente de marketing da Indústria de Tintas Ouro Ltda. (Tinsul Tintas) por quatro anos, acompanhou a implementação de algumas outras empresas familiares e coordenou o Laboratório de Práticas em Gestão da PUCPR, onde também é professora dos cursos de Marketing e Administração, na graduação e na especialização, desde 2014. É consultora em gestão de marcas (Mefil Brand Consulting) desde 2016.

Em abril de 2017, recebeu dois prêmios do Fundo de Pesquisas do Quebec, órgão vinculado ao Ministério da Educação Canadense, ambos por destaque e mérito estudantil entre alunos internacionais.

Seus interesses acadêmicos e de mercado estão focados na compreensão da relação entre consumidores e marcas, ora analisando o retorno financeiro que diferentes estratégias de marcas podem gerar, ora focando no comportamento *on-line* de usuários e em seus relacionamentos com marcas, ora tentando entender melhor esses consumidores sob uma perspectiva biológica – área em que a graduação na área da saúde ajuda muito. Já apresentou suas pesquisas em congressos nacionais e internacionais, tem publicações em periódicos de referência internacional e, atualmente, desenvolve projetos de pesquisa financiados pelo governo canadense, sediados na HEC Montréal.

Os papéis utilizados neste livro, certificados por instituições ambientais competentes, são recicláveis, provenientes de fontes renováveis e, portanto, um meio responsável e natural de informação e conhecimento.

FSC
www.fsc.org
MISTO
Papel produzido a partir de fontes responsáveis
FSC® C103535

Impressão: Reproset
Fevereiro/2023